別用情緒勒索教養你的孩子

——激發孩子思考力的引導式教養法

每個孩子都需要「教練媽媽」

只要理由和目標明確，孩子就會自動自發

假設足球選手們認真的比賽時，所有選手滿頭大汗努力地奔跑，每個人大聲叫喊著「快踢進球門」！但這時卻發現沒有球門，只因為其他人都在跑所以我也在跑，即使球在自己的腳下，但卻不知道該踢往何處。你的人生是否也是這樣過生活？只是為了不讓對手踢進球門，拼命阻擋他且一直向前跑，但是卻根本不知道努力的目標是什麼？

踢足球時，一定要先知道自己隊伍的球門在哪裡，而我們做任何事情也是一樣，想徹底把某件事情做好，一定要先有目標（動機），才會有想完成某事的動力。

教兒童英語超過十年的我，曾遇過無數的家長，他們常煩惱「要如何讓孩

子自己主動設定目標，並為了達成目標而主動學習？」為了幫助這些和我有相同煩惱的媽媽們，我去上了教練指引課程，成為了專業的指引教練。

指引教練是指能讓個人、家庭、企業有正面改變及成長的引導工作，教練透過「提問」幫你找到目標、正向成長，許多大企業甚至會邀請指引教練來訓練員工，希望讓公司的業務更有效率並卓越成長。將指引教練的引導方式，運用在親子教養上，成為孩子的「教練媽媽」，如此便能引導孩子找到自己的人生目標與夢想，並想出達成目標的方法。

所謂「指引」就是不會馬上告訴你答案，而是讓你自己理解問題後去尋找解決的方法，成功解決問題後就會增進你的卓越感，久而久之便會讓你成為一個主動性高、可獨當一面的人才。教練主要的工作，就是利用「提問、傾聽、同理、鼓勵」來引導，幫助你朝自己想要的方向前進。

教練媽媽，引導孩子找到目標與夢想

我相信「成功的孩子背後有個偉大的母親」，那些能培育出優秀孩子的媽媽們，似乎都有個共通點，就是常站在孩子的立場想事情，一言以蔽之，成功的孩子背後都有個「教練媽媽」。

教練媽媽從孩子小時候，就會尊重孩子的意見，透過提問來激發孩子的好奇心，當孩子萌生好奇心，就會想要主動學習，想知道更多的事物，這樣就能激發出孩子主動學習的理由。媽媽擔任孩子的教練時，孩子們就會出乎我們意料完成很多事，並大幅度地成長。

讓孩子從幼年時期開始學習自己完成小事情，讓他感受到成就感，累積了自信心後他就會想要主動完成其他事情。許多媽媽很迫切地想培育出優秀的孩子，卻把孩子的人生誤以為自己的，按照自己的意願栽培，事實上孩子是自己生命的主人，媽媽必須把主控權還給孩子，扮演教練的角色從旁協助，用提問引導的方式，才能開啟孩子的主動思考力！

我在教育孩子的時候，主要是秉持以下三個原則。

第一：父母不替孩子做任何的決定，要讓孩子自己決定。比起命令他做某些事情，我更喜歡把問題丟給他，讓他自己思考，等待他的決定。這樣的經驗長期累積下來，能增加孩子的自我存在感，對自己更有信心。

第二：父母常帶孩子到不同的地方旅行，親身體驗各種多采多姿的生活，能增長孩子的思考範圍，培養創意力。

第三：父母和孩子要常常聊天，當孩子談自己的想法，要努力尊重他。孩子若覺得自己的想法得到尊重，就會試著表達自己的主張和想法。

除此之外，我也想要告訴各位媽媽，父母是孩子的模範，千萬不要做一個為了子女的成功而放棄一切的媽媽，當媽媽為了自己的生活目標所努力，孩子也會想要認真且努力，媽媽過得幸福，孩子也會幸福。

本書希望得到許多媽媽們的共鳴，亦期待著有更多的媽媽不要用命令或強迫的方式來教育孩子，而是以「教練式引導溝通法」來培育孩子，才能開啟孩子正向積極的人生。孩子不該被學習壓力所壓迫，應該要讓他們自己設定目標，主動愉快學習才是最好的學習方式。一起努力成為教練媽媽，引導孩子找到人生目標並努力向前邁進吧！

二〇一六年二月　鄭銀慶

PART 4 教練媽媽如何培養出自主學習的孩子？

PART 5 對孩子來說媽媽就是學習的目標

PART 1
為什麼要成為教練媽媽呢？

你也是個「直升機媽媽」嗎？

過度保護孩子的媽媽，就是直升機媽媽

不久前我和二十幾位教練，進行了為期一周的職場教練訓練，訓練的主題是「如何才能找到自己想要的工作呢？」，這是大學生和社會新鮮人很常討論的話題，主要是在尋找個人的專業性和興趣。

在議論這樣的主題前，教練們也開始回想，身邊是否有這樣的狀況，例如就讀大學的孩子們若是考試的成績有點不理想，有些媽媽們就會直接打電話給該科教授說：「請問分數是不是出了點問題？」。甚至已經成年、開始工作的孩子們，有身體不舒服或是遲到的情況，媽媽就會代替孩子打電話給公司主管，說明缺勤的理由。

或許大家會覺得，這樣的事情應該只會出現在電視或是新聞上吧？不過曾

擔任大學講師或是曾在大企業任職的指引教練們都說，其實生活周遭很常聽到這種事，也因此更能實際感受到這問題的嚴重性。

想保護孩子，不知不覺成為「直升機媽媽」

孩子在高中三年級以前都是未成年，所以父母參與孩子們的事是很理所當然的，但是當孩子上了大學後，父母們是否能對孩子的意見給予尊重呢？現在的社會上，越來越多已經成年的孩子，仍舊無法離開媽媽的懷抱，孩子們只要遇到事情就會向媽媽請求幫助，連媽媽們也都認為深深參與孩子們的生活是理所當然的事。

在這種社會氛圍下，就出現了「直升機媽媽」這個新名詞。所謂的**直升機媽媽，就是指直升機在著陸前產生環繞的劇烈強風，而媽媽就如同直升機般，在孩子的身邊不停圍繞打轉**。直升機媽媽就是指媽媽們對孩子出現過度保護、過度干預已成年孩子的生活情況。

我當然也和其他媽媽一樣，希望自己的孩子能品學兼優，在這樣的慾望支配下，便不自覺地參與孩子很多事，對孩子所做的事情下對或錯的判斷。但是以為了孩子的人生為由，父母們介入並指引孩子安全的道路，這是明確的做法嗎？究竟直升機媽媽們能夠幫助孩子們到哪時候呢？

若是孩子已經過了幼年時期，甚至開始就業、結婚了，父母還繼續參與孩子們的人生並掌握著做決定的關鍵權的話，反而會和孩子們的關係產生問題，因為若是不斷干涉孩子們的選擇，孩子們就無法過著獨立自主的人生。

過度保護孩子，是幫助他還是害了他？

我結婚五年後才有了小孩，下定決心要生小孩之後，我為了使身體更健康便去晨泳、即使有感冒的徵兆也絕對不吃藥、就算有聚餐連啤酒一杯都不喝，一心一意只為了要打造健康、適合懷孕的身體。懷孕後夫妻倆還改編了電視廣告歌曲的歌詞，做了歌曲要給即將出生的孩子，就這樣滿心期待的生下了孩子。

相信所有媽媽應該都和我一樣，有了孩子之後，總想把最好的給他們，希望他們在成長的路上少跌一點跤、少吃一點苦，因此父母們都希望盡最大的努力，來幫助他們減少煩惱、幫助他的人生做更正確的選擇。

但若什麼事都是由父母決定、安排好一切，這樣被過度保護的孩子，是不是也遺失了生存在這世上獨立生活的力量，也喪失了自我判斷的能力？其實孩子的主動性完全取決於對父母的依賴性，也就是說孩子對父母的依賴程度高低，會讓他們有完全不同的發展。舉例來說，媽媽若總是阻止孩子的決定、過度保護並干涉，反而會讓孩子無法自己完成事情，而變成一個凡事無法自主的人。

孩子是生命的主人，媽媽只是扮演協助的角色

我是個非常獨立的人，在我成長的過程中，印象中父母親幾乎沒叫我「該做這個、該做那個」之類的話。大學畢業之後，我到國際物流公司工作三年後，再轉職至外國公司工作七年，之後便到美國考取TESOL證照，並回韓國當英文講師至今已十二年，這些多采多姿的經歷，都是我自己決定的人生方

向。

每次我在下決定的時候，我媽媽的回答總是「好、做得好」，再過了一段時間便會對我說：「若是有不懂的地方或是要幫忙的話，我會很樂意幫妳。」媽媽從小不僅給我和兄弟姊妹們滿滿的愛，還會對我們各自所下的決定給予支持，直到長大後我才體會到這是多麼值得感恩的事。

想想我媽媽還真是典型的「教練媽媽」，雖然媽媽對於「指引教練」這個詞不是很明白，不過不管到哪裡，她的身分都只是從旁協助我，而我是自己「生命的主人」。媽媽從我小時候就尊重我的意見，若是她覺得我選擇了不正確的行為，則會等到我自己意識到為止，而且不會當場就教訓我，會隔一段時間再指出我不對的地方。

我認為在這種家庭文化下十年、二十年成長的孩子，和在受到父母干涉下所成長的孩子，會有很大且鮮明的差異。每個孩子在青春期，都會因摸索自身的本質而導致混亂、反抗和徬徨，但那反而是孩子內心健康的證據，並有助於孩子長成為自主的大人。

或許以前的時代需要直升機媽媽，但我覺得現在這個時代，能傾聽孩子的話、給予同感的教練媽媽反而更重要，傾聽孩子的話並不是只聽孩子表面上所說的話，而是指不能錯過察覺孩子的心聲。**與其用命令的口氣叫孩子做事，不如透過問問題的過程，培養讓孩子能獨立思考的力量**，因為孩子自己決定事情所累積的經驗值，才是他們獨立成長的養分。

能根據自己的想法來做決定，這樣的人生才會更加幸福吧？從現在開始，以作為教練媽媽的身分來培育孩子吧！

Point!

讓孩子自己做決定，培養獨立性

最簡單的第一步，就先從孩子想穿的衣服、想玩的東西、想吃的食物開始，讓他們自己決定吧！相信藉由這本書，跟著教練媽媽的引導，孩子便會成長為明確知道自己想要什麼、有獨立性、充滿自信的大人。

對孩子說話的口氣很重要

用正面的口氣對孩子說話，孩子便會正面成長

我陪孩子做作業之前，都會先輕鬆的和他們閒話家常，而且會帶到類似底下的提問。

「最近令你開心的事是什麼事？」
「最近有沒有什麼被稱讚的事情呢？」
「下周有什麼令你期待的事情嗎？」

以這種正向的問題為起頭，孩子們的腦袋裡就會不斷地浮現出這些好事情，再用那好心情開始做作業。其實這種先以正向問題引導的方式很常見，例

如在小組演講或上台講話的時候，剛開始一定是尷尬的氛圍，為了要使氣氛自然，兩兩為一組便會開始寒暄。「你今天的圍巾和衣服很配呢！」用諸如此類簡短的讚美稱讚對方，一下子就能打開對方的心門，這種對話會讓彼此展開笑顏，氛圍也變得開朗許多。

「大腦是受語言所支配。」
「語言支配我們的大腦。」

使用正面的詞語時，聽的人和說的人的心情都會變好。不知大家有沒有發現，說話正面的人總是很愉快、開朗，而說話負面的人表情總是黯淡，而且想法都很負面呢？

這裡舉個實驗，讓我們看看正面的對話有多麼重要。牛津大學教授詹姆斯・莫里（James Murray）將自己開發的「離婚公式」，試用在七百對新婚夫婦上，他讓新婚夫婦相互聊天十五分鐘，並在後面進行錄影，若出現包含幽默或是愛情等正面的字眼則加分，出現防禦或是攻擊性、憤怒的字眼則扣分，接著進行十二年的觀察，結果被預測會離婚的夫婦裡，果真有九十四%都離婚了。

這個實驗結果代表正面說話與負面說話的重要性，也可以讓父母思考對孩子說話的態度。所有的**媽媽都希望自己的孩子開朗、健康、幸福的過生活，但大部分的媽媽卻很少對孩子說正面、激勵人心的話，反而總是以負面話居多。**

透過實驗，證明正向話語的影響力

對孩子用正面的說話方式有多重要呢？我曾在新聞中看過這樣的實驗，但不確定是否真的如此，因此便和孩子一起做了實驗。

我們在有加蓋的兩個玻璃碗中，各自放入新鮮的白飯，一個碗貼上寫著「我愛你」的標籤，另一個碗則貼上寫著「討厭你」的標籤，將它們放在同一個地方。接下來兩周的時間，每天在固定的時間看著碗，對貼著標籤的碗各自說著「我愛你」、「討厭你」，接下來神奇的事出現了，兩個玻璃碗裡所裝的飯，竟然有著明顯的變化。貼著「我愛你」的玻璃碗裡，飯上長出白色漂亮的黴菌，而說著「討厭你」的那個碗裡，飯上長出了黑色髒兮兮的黴菌。

試做這實驗後，我和孩子都嚇了一跳！既然連沒有生命力的東西，都會因為我們說話的方式，而表現出這麼不同的反應，那麼可想而知有生命力的物體又會如何呢？

有些媽媽會跟我說，孩子們最近開始說髒話了，因為班上有一個人起頭，其他人也開始跟著說。我都會和這些媽媽說，與其跟孩子說了無數遍「不能說髒話」，倒不如與孩子一同試做上面這個實驗，會來的更加有嚇阻效果，孩子便會發現說髒話的影響力有多恐怖！

栽培植物的時候，我們給了相同的水、相同的陽光和養分，為什麼有些人的花草長得很翠綠，有些人的花草卻總是枯萎而死呢？你可以自己動手做個實驗看看，栽培花草、水果或植物的時候，給它們聽好聽的音樂，或是對它們說些讚美的話，就能培育出茁壯健康的植物喔！這也驗證了正向話語的力量。

我有位朋友每天一早起來，第一件做的事就是對花草說話、給它澆水。朋友說每天早晨和花草對話是一天愉快的開始，而我也發現這些花草們不管何時，都是綠意盎然的樣子。

用正面話取代負面話，激發孩子主動性

華盛頓大學心理學家約翰・戈特曼（John Gottman）教授，主張想要長時間維持幸福的關係，那正面的話就要說得比負面話還要多個五倍才行。但是一般家長，總是以責罵等負面話語來和孩子對話，若以教授主張的說法來看，每講五次正面的話，才能講一次負面的話。

如果想要和孩子們維持良好關係，那就要多以正面的話語來溝通，多說些以加油打氣、挾帶著夢想與希望的話語，就能讓孩子一點一滴的改變。

雖然這種方式，我也無法百分之百實

傾聽→同感→鼓勵，讓孩子主動學習

孩子一開始或許會對學習完全沒任何興趣，這時我們要傾聽他們說的話，並且對於他感到辛苦的部分給予同感，還要不斷地鼓勵他們，說一定能夠做得很好。久而久之，我們會發現孩子開始認真背誦英文單字，甚至主動做作業、主動學習了。當你盡情地給孩子正面的支持來代替否定的言語時，您的孩子一定會有正向的改變。

踐，但我會盡可能的以正面的話語來取代負面的話語。「小王子」一書中曾說：「如果你要造船，不要去招攬人來搬木材，不要指派人任務和工作，而是要教他們去渴望那無邊無際的大海。」

我們總是嘮叨地叫孩子讀書，其實他們也只是敷衍一下而已，必須**讓他們產生明確的目標，孩子們才會真的學習**，如此媽媽就不需要一直嘮叨著叫孩子讀書。媽媽要做的是讓孩子產生學習的決心、思考的是要怎麼做才能讓他們主動學習，而非一味地嘮叨逼迫他們。

懂孩子的語言才能良好溝通

你所付出的愛，是孩子需要的嗎？

每天對孩子嘮叨和碎念，孩子卻總是左耳進、右耳出，像耳邊風一樣毫不在乎，為什麼會這樣呢？其實人與人的相處中，都有一個溝通的語言，不過每個人的語言不同，若是我們能了解對方的語言，溝通就會見效。

讓我們看看這個例子：智恩在小學五年級的暑假，去參加了為期兩周的英語夏令營，那兩周的時間裡，父母想給智恩一個驚喜，因此將智恩的房間貼滿了漂亮的粉紅色壁紙，連窗簾都換掉了，房間的風格完全換了個新氣象！但是智恩從夏令營回來後，卻一點都不高興，對於沒問過自己的意見，就把房間大改造這件事，反而令她感覺被忽視了。

不僅智恩不開心，父母花了錢和時間做了自認非常有意義的一件事情，卻搞到大人、小孩都不開心，為什麼會這樣呢？你總是認為你很愛孩子，認為為他做的事都是你愛他的表現，但那是孩子需要的嗎？到頭來是不是兩個人都覺得很辛苦，反而認為我為你做了這麼多，你為什麼都感受不到？

向你所愛的人，傳遞愛的語言

其實每個人愛的方式都不同，當我們要傳遞愛意時，必須用對方想要的方式表達，才能讓對方感受的到。蓋瑞・巧門在《愛之語》一書中說到：「不管是誰都會用既有的語言體系去溝通，而人們在愛的方式上也有獨特的語言體系，並藉由這個來傳遞愛的情感。」蓋瑞・巧門提出五種愛的語言，認為大部分人會透過這五種愛的語言，向所愛的人表達愛意。

❶ **相處時光**：把注意力集中在對方身上，並且跟對方一起做喜歡的事，例如：給予對方全部的注意力、用心傾聽與對話，全心全意跟對方一起做喜歡的事。

❷**贈送禮物：**禮物不需要昂貴的，但必須是對方想要的。甚至也能把自己當成禮物，當對方需要你時，你就給予陪伴。

❸**親密接觸：**溫柔地擁抱對方，或是給一個愛的親親、撫摸臉頰，都是愛的表現。

❹**肯定的話：**給對方鼓勵或讚美，說一些激勵人心的話語。

❺**愛的服侍：**發自內心地為對方做一些事，例如當對方不舒服時來照顧他，或是需要幫忙時給予協助。

我們可以將這五種愛的語言寫在便條紙上，讓孩子根據他本身最想獲得的，依照順序排列吧！孩子排出的順序，或許會跟我們所想的差異很大呢！因為父母最常犯的失誤，其實就是我們認為好的東西，就誤以為是孩子們喜歡的東西。

我最優先的愛的語言是「肯定的話」，當我愛的人給予鼓勵或讚美，反而更會激勵我向上，例如老公常會說一些鼓勵我、認可我的話，在我疲累的時候，會將我過去做得好的事蹟說給我聽，並鼓勵我說這次的事情也能順利解決，幫我加油打氣。假如我想要嘗試什麼新事物，他也從不會叫我不要做，反而相信我會做得很好。

如果老公反對我的決定、叫我不要做的話，反而會讓我意氣用事而達到反效果。像我這類喜歡聽「肯定的話」的人，若是支持我的決定並鼓勵我，則會讓我變得更加謹慎、用功學習，並且會更慎重地檢討自己的決定是否對與錯呢！

我的孩子也是最想聽到「肯定的話」，因此當我的孩子做錯的時候，我並不會有太大的責罵，因為責罵只會帶來反效果。若是孩子做了對的事，例如得獎或是班際足球賽踢進了一顆球，我都會給予大大的鼓勵，而且要具體表達出來並給予稱讚，這樣孩子就會以這次的事作為契機，下次也會想要表現出好的結果。

每個孩子對愛的語言優先順序都不一樣，對某些孩子來說有可能是「相處時光」，例如對有弟妹誕生的老大而言，和媽媽在一起的時間反而比起其他來得更加重要。至於若老大是誕生在弟妹學習力很好的家庭，反而他們有可能最想聽到的是「肯定的話」。

愛是雙向的，單方面的愛並不是愛

舉例來說，某個家庭的成員是爸爸、媽媽、一個女兒、兩個兒子，總共五個人，雖然爸爸總覺得為了家庭盡最大的努力，但是孩子們總是對爸爸有很多不滿，為什麼會這樣呢？

因為每次家族外出吃飯時，爸爸不問老婆和孩子們的意見，自己去了間覺得是最高級、最了不起的牛排餐廳點餐。實際上孩子們只想吃部隊火鍋、辣炒章魚之類的餐點，爸爸照著自己的意思，決定餐廳和菜單的內容，認為對家人們盡了最大的努力，但孩子們沒有愉快地享用餐點，反而還在生悶氣。爸爸這樣為了家人費盡心思，但是孩子們的內心卻完全不是這樣想，這對雙方來說是件多不幸的事啊？

Point!

用愛的語言，讓彼此關係更親密

試著和孩子使用彼此想要的愛的語言，讓愛更加深厚吧！那要怎麼做呢？在那當下說出適合對方的愛的語言不就可以了嗎？良好的感情會在「感情帳戶」裡一點一滴的累積，這樣就算是遇到困難的情況，憑藉存在這感情帳戶裡的好感情，就能夠戰勝困難的時刻。

透過前面提到的那五種愛的語言，其實不僅是問孩子，還可以問父母、問伴侶等等，詢問愛的語言，會讓你更了解對方。甚至也能讓孩子能夠更釐清和父母的關係，例如你想從父母那裡得到互動，但父母總是幫你清掃、幫你煮飯等之類的奉獻，給了你不需要的付出卻自認為那是愛，反而會讓彼此關係越來越有距離。

如果想要知道孩子對愛的語言優先順序，不如具體地直接問問他們吧！例如「是想要一起玩呢？」、「還是想要抱抱呢？」、「是有想要買的東西嗎？」、「還是想要我做好吃的東西給你吃呢？」，具體的詢問，就可以得知他們想要的是什麼喔！

理解孩子的優點與缺點

找出優點並全力發揮，缺點也就微不足道了

這裡我想介紹廣告天才李在碩的故事，他於啟明大學美術系以第一名的身分畢業，但因為這所大學並不是知名的學校，而且在許多公司的眼裡，學校的知名度才是任用人的標準。因此他畢業後參與了許多作品甄選、廣告公司面試都落榜，於是他便在家裡附近的廣告代理商公司工作。

某天他決定離職前往紐約，帶著僅剩的五百美金，買了單程的飛機票飛往紐約，透過插班進入了紐約視覺藝術學院三年級就讀，他承受了許多的課業壓力、文化差異、種族歧視等挫折，而在就學一年半後，便以「煙囪」這個作品，在大學個人展比賽獲得最高榮譽金牌。接下來他更贏得世界三大廣告甄選比賽，並獲得了廣告天才的頭銜。

剛到紐約的時候，他認為自己的英文實力不夠好，不管再怎麼學習也不可能像紐約人一樣談笑風生，如果文字不行那就用圖來表現吧！他最有自信與把握的就是視覺設計的專長，因此他努力創作視覺設計作品，久而久之他的作品也漸漸受到世界的矚目。

畢業回到韓國後，他不製作有利潤的商業廣告，反而花費更多的心力來製作能創造溫暖、更有意義的公益廣告上。李在碩的故事就像個傳奇故事一般，但我們不難發現他成功的要訣，就是**了解自己的優點並努力學習，只要能掌握並發揮自己最大的長處，就能讓任何缺點都看起來微不足道。**

那麼要怎麼知道自己的優勢呢？我家的冰箱上會貼著一張紙（如下範例），列出家

號碼	先生的優點	兒子的優點	我的優點
1	喜歡開車	説話井然有序	勤勞
2	積極參與家族的活動	擅長做料理	實踐力強
3	任何一種食物，都可以吃得津津有味	擅長踢足球	擅長教學
4	喜歡聚會	擅長挑戰新鮮事物	積極進取
…			
50	自制力強	擅長搜索資訊	常擬定計劃

中三個成員的所有優點，若一開始就急著把表單內容填滿，可能會覺得很困難，因此建議先從具體的小事開始寫起，再逐漸增加。若你的孩子年紀較小，建議可以讓家人聚在餐桌用餐時，各自說出其他人的優點，並填寫在這張表單上，當表格上寫著自己的優點，孩子看到心情也會很好，反而會產生想要變得更好的心情。

改變你的看法，讓缺點變成優點

我有一位學生非常沒有自信，常常跟我說自己沒有擅長的事項，也不知道自己有什麼優點，於是我和那個孩子的媽媽碰面，告訴她一個增加孩子自信的小方法。我請那個媽媽要試圖找出孩子的優點，儘管只是微小的事情也沒關係，並且在每天早上將五個銅板放在同一邊的口袋，每發現孩子一個優點的時候，除了要告訴孩子是什麼，還要將一個銅板移到另一邊的口袋，並要在一天之內，將這五個銅板全部移到另一邊的口袋。

那位媽媽照著我的說法做了之後，孩子漸漸產生了自信，而且不會再說

「我沒有擅長的事」，連作業都會更用心地做完、人際關係也變得更好了。孩子甚至還對我說：「最近在學校老師都會稱讚我，我真的很開心。」**幫助孩子擁有自信心、肯定自己，就能更容易發掘孩子的才能。**

你是不是總覺得自己的孩子有很多缺點？其實只要改變你對缺點的看法，缺點也能變成優點喔！

- **孩子很固執：**這個孩子的主觀意識很強，假如孩子下定決心一定要做什麼的話，那執行力一定是數一數二的，而且從頭到尾都能做得很好。
- **孩子只喜歡和朋友玩：**這孩子的社交能力很出眾，而且以後出了社會，人際關係反而是最重要的。對這種孩子而言，建立良好的人

Point!

換個角度看，缺點反而是優點

所有的孩子都有缺點，但是換個角度想，會不會有人反而羨慕這個缺點呢？舉例來說，害羞內向的孩子會覺得散漫吵鬧的孩子很有活力，可能因此羨慕他。因此教練媽媽不要一昧地想著把孩子的缺點改正，而是改變自己對缺點的觀念，把它昇華為優點，這樣還能替孩子灌輸滿滿的自信和勇氣喔！

際關係會讓他產生卓越感，可以引導他來帶領團隊，相信就能把許多事情做好。

●**孩子總是慢吞吞：**這樣的孩子們，會在自認為都充分地準備好的時候才出手，雖然每次做事都會有點慢，不過這也代表他絕對不會虎頭蛇尾，反而會把事情完完整整的做好。

與孩子建立良好的關係

相信你的孩子，陪他一起找出人生方向

前陣子我看了金玟暻培育兒子的《沒關係，媽媽相信你》書籍，更確認了父母和孩子的關係優劣，會為孩子的成長帶來多大的影響。她的兒子在高中一年級便對讀書不感興趣，只對電腦遊戲著迷，甚至參加了全國職業玩家遊戲競賽，是個沉迷於遊戲的兒子。但是她並沒有反對孩子玩電腦遊戲，反而在兒子參加比賽時說「你一定可以的」、「媽媽相信你」等支持的話語。

金玟暻的兒子在高一時，就提出放棄學業的要求，想要往電競遊戲這條路發展，這時她並沒有說「不可以」，而是請兒子考慮一個月後，再來討論這個問題。一個月後她與兒子討論，是否真的要休學時，兒子卻大逆轉的回答要繼續學業，為什麼會這樣呢？

原來兒子實際聯絡了職業玩家，並向對方說明自己想休學、走向電競職業玩家這條路，結果前輩們卻說「以玩家作為職業，其實現實面上有很多困難的部分，建議目前專注在課業上，先把遊戲當興趣會比較好」。聽了這樣的建議，他就暫時打消了職業玩家的念頭，決定好好學習。

從那時候起，金玟暻開始以指引教練的方式，透過指引對話幫助孩子找尋自己學習的方法，而孩子的成績也漸漸有所成長，雖然畢業後再多讀了一年書，但也於延世大電機電子工學院領了四年的優秀學生獎學金，並於大學畢業後進入三星電子工作。

媽媽一直都相信且支持孩子，親子間形成了良好關係的話，最終孩子會找出自己人生的道路。雖然在那長長的過程中，媽媽的內心應該也是很煎熬，但是媽媽還是必須相信自己的孩子，陪著他努力找出對人生最好的選擇。

強迫會帶來反效果，試著用提問來引導

我兒子很喜歡睡覺，尤其是在念書的時候常常睡著，我總是定時會過來叫

醒他，雖然孩子還想再多睡一下，但每次我硬是把孩子叫醒後，他表面上雖然裝作在念書，但其實根本在放空，後來我發現倒不如讓他好好睡一段時間，再打起精神念書，效果還比較好。

我們來看看這個故事，就讀國中二年級的聖敏和爸爸約定好了，假如要去網咖就必須誠實告知後再去，不會說謊就跑去網咖。某次考試期間他說要去K書中心看書，結果在K書中心念書念到一半，就忍不住和朋友們跑去網咖玩遊戲，爸爸中午要去找孩子吃飯時，發現孩子不在K書中心因而大發雷霆，爸爸認為孩子沒遵守約定，因此將他帶去髮廊把頭髮理成平頭。從這件事情之後，青春期的國二生聖敏，對爸爸的厭惡與反抗更加劇烈，從此和爸爸的關係越來越疏離，就連念書也提不起興趣了。

剛才的故事就是個很典型用強迫方式來教育，反而讓親子關係越來越疏離的例子，相信很多父母會說，如果強迫會帶來反效果，那麼我們該如何教導孩子呢？其實透過指引的提問方式，將帶來不同的效果，讓我們看看底下這個例子。

李善熙是個指引教練，她有個二十八歲的女兒智妍，從韓國護理系畢業之後就一直想到美國去留學，起初她請求父母出資幫助她去留學，但李教練的經濟狀況無法資助留學費用，因此便利用引導對話的方式讓女兒對這個決定再深入地好好想一想。

「為什麼想要去留學？」

「有留學和沒留學，對你的未來會有什麼不一樣嗎？」

「到美國留學想要學習什麼？」

「有想過留學費的金額嗎？」

「這筆金額該如何負擔呢？」

透過指引的方式，提出許多相關問題，並給孩子時間去思考和尋找解決的方法。結果她的女兒在韓國當護士工作三年的期間，獨自存了去留學的費用，並達成協議讓父母親贊助飛機票、第一學期的學費就好，目前正在美國認真地學習護理學。

父母要懂得放手，孩子才能展翅高飛

孩子出生後會經歷幼兒時期、兒童時期、青少年時期，在這幾個階段裡，父母傾出的愛是無法言喻的。但是不管怎麼樣愛自己的孩子，若孩子成年後父母還是想要決定所有事務，那親子關係就會出現很大的問題，第一種狀況是孩子會強烈反抗而造成關係疏離，第二種狀況則是孩子過於依賴父母，喪失自信與獨立性。

《媽媽課程》一書中說，父母親的愛分為三個階段：

- **第一階段：**孩子出生到小學，父母都要懷著真誠的「照顧之愛」。
- **第二階段：**青少年時期的孩子開始有自己的想法，父母必須壓下每件事都想主導的心情，這是一種「抑制之愛」。
- **第三階段：**孩子成年後，父母必須讓子女走自己的路，因此不需要每件事都干涉的「冷靜之愛」。

孩子從出生到小學低年級，由父母來決定並帶領是很正常的，但當孩子升到小學高年級到國中時，就要開始漸漸尊重孩子的意見，而到孩子二十歲以後，就必須將做決定的主導權交給孩子。

這個意思就是說，當孩子的年紀越來越大，父母就要將主導權交還給孩子，當孩子長大成人後，事情由父母主導的比例降為一成，而孩子的主導權則增加到九成，父母只需在孩子請求幫助的時候再給予協助即可。

父母要漸漸對孩子放手，真的不是件容易的事情，我的孩子現在已經是高中生了，也到了「抑制之愛」階段，由

一天十分鐘，透過問答法增加孩子思考力

現在很多父母或孩子其實都做不到「放手」這件事，因為父母太在乎對孩子事情的掌控權利，而孩子在不知不覺間也養成了對父母的依賴性。這樣過度受保護的孩子，無法獨立做主也沒辦法自己決定事情，將來的人生會過得格外辛苦。建議從現在開始，就算一天只有十分鐘也沒關係，抽空和孩子對話，利用引導問答的方式不斷地讓孩子思考，讓他自己能夠解決自己的事，這樣無形之間也能建立起孩子與父母的親密度。

於他住學校宿舍的關係，實踐放手這件事也較為容易。我計劃在孩子上了大學以後，一定要比現在更少干涉他，讓他能獨立自主，因為過多的幫助只會造成他的依賴，變成他獨立的絆腳石。

孩子的人生必須由他自己主導

從小就可以培養，讓孩子自己做決定的能力

不論是多小的事情，**比起媽媽先給答案，不如讓孩子思考完再決定，這樣才能養成孩子思考的能力**。若總是由媽媽依照自己的判斷來決定，那孩子就會習慣性地總是等待著媽媽的答案，常常會看到已經上了國中的孩子，每件事都問「媽媽這可以做嗎？」、「這個可以吃嗎？」，這樣的情況常常看見。這樣的孩子們長大後，在自己做決定時也會沒有自信，而且會對要下決定這個責任感到恐懼。

即便孩子只有一歲也可以培養他們思考力訓練，只要試著讓孩子自己做決定就行了，例如在家裡玩玩具的時候、要買新玩具的時候，就可以將選擇權給孩子。

「為什麼想要買這個？」、「買了這個為什麼比較好？」、「想要怎麼玩」、「和其他玩具有什麼樣的差異？」。當然在提問的時候，要用孩子能回答的語言誘導他，起初孩子無法好好表達自己的想法，總是回答「這就比較好啊」，這時媽媽可以從旁看著並發掘孩子喜愛的理由後，再多問一、兩個問題，藉由這樣的引導，孩子就能漸漸學習表達自身意見的方法。

培養孩子主動性，學習效果才會好

想要讓孩子什麼都做得好的話，主導權應該要交由孩子自己做才行，指引教練的其中一項核心工作，就是讓孩子自己主導教育的方式。

傑夫・柯文《我比別人更認真：刻意練習讓自己發光》一書中，就以演奏樂器的孩子作為對象，提出對於他們實力差異的研究，他透過輔導、練習、授課等音樂相關活動來調查這些孩子，結果發現他們的實力和獨自練習的時間成正比。調查結果顯示，與其向經驗豐富的老師學習、延長輔導時間，增加獨自練習時間的孩子們，對提升實力反而有更大的幫助。

孩子們的成績，會因為獨自練習時間的多寡而有所成長，孩子們的人生也必須透過父母不斷的引導，才會發現自己的才能。**教練媽媽就是幫助孩子，持續建立他們的目標、讓他們主動學習，才能成長為獨立的大人。**

現在有很多父母會把孩子送去補習班學習，而在我們那個年代去補習班的孩子並不多，就連國中、高中時期，也大部分是自己主動學習準備升學考試，並於大學畢業後進入社會工作。但是我發現，最近越來越多父母在孩子放學後還將他們送去補習班，這並非孩子自主的學習，而是聽補習班老師長時間的授課，這樣由補習班主導的學習方式，我覺得對孩子的幫助是有限的。

我曾在孩子國一的時候將他送去補習班補習，當時很猶豫到底要不要補習，但因為想加強他的國文、數學、自然科學的成績，就送去補習班試看看。補習後發現，老師會將考試範圍全部做詳細的講解，常常講解完就花了五個小時，結果孩子回到家複習的時間就不充裕，考試的結果並不是很理想。

那時孩子也對成績不是很滿意，因此我詢問了他對補習的看法。

「這次在補習班學習，考試成績你覺得如何？」

「雖然成績沒有不好，不過該背的東西還是自己要背下來，這樣的話似乎需要時間。」

「那下次期末考的時候，怎麼做會比較好呢？」

「我想自己先試試看，該背的自己背下來，不懂的就問老師，這樣好像會比較好的樣子。」

從那之後，我的孩子直到國中畢業都是自己準備學校的考試，考試前會待在家裡念書並複習。雖然不是每次都獲得好成績，但至少他知道自己該如何準備考試，而不是由媽媽主導、補習班來主導，孩子必須自動自發，才能從中獲得經驗與成長。

想想看為什麼會想送孩子去補習班學習呢？是不是因為孩子不主動學習，所以想透過補習班的力量，讓孩子的成績有所進步？但這是一種被動的學習，孩子是處於強迫式的壓力下，長期下來其實也得不到想要的結果。

孩子的人生，該由他們自己做決定

做父母的很常把自己認為是對孩子好的期望，加諸在孩子的身上，舉例來說，在尖端電子產業領域工作的爸爸，看到工程師們受到高貴的禮遇後，就下定決心一定要把兒子培養成工程師。

但是喜愛文學的兒子總是花很多時間在讀小說，於是爸爸便將兒子全部的小說打包堆到角落，希望他多花點時間專注於數學和科學。兒子高中畢業後，爸爸希望他進入工科大學就讀，但其實兒子想選的是文學或哲學系，因為無法違背爸爸的意思，兒子的不幸就這麼開始了。

太多父母都不在乎孩子真正的想法，只想隨著自身的面子或價值觀左右孩子，用這種方式培

Point!

孩子無法自己下決定怎麼辦？

萬一孩子自己無法做決定，那父母的角色就是透過引導，藉由對話的方式讓他深入思考後再做決定。父母從旁引導協助孩子，會比直接幫孩子自己做決定好，如此才能培養孩子能獨立生活、懂得解決問題的能力。

養孩子的話，孩子成長的路上反而會累積許多怨恨父母的心。上述的例子是個真實的故事，故事中的兒子進入工科大學就讀後，念到一半就休學了，重新選擇自己想要的科系，而現在的工作是擔任文學教授。看完這個故事我們發現，爸爸是不是沒有幫助到孩子，反而還成了他人生路上的絆腳石了呢？

其實生活周遭這種事情比我們想像中的還多，我們沒辦法代替孩子過他們的人生，**父母該做的是培養孩子能獨立生活、懂得解決問題的能力**，當然也能以過來人的身分分享自身多種經驗，但事情的決定與主導權還是必須交給孩子。

PART 2
教練媽媽該如何引導孩子？

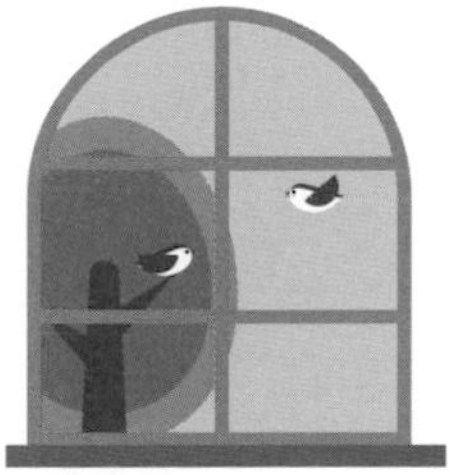

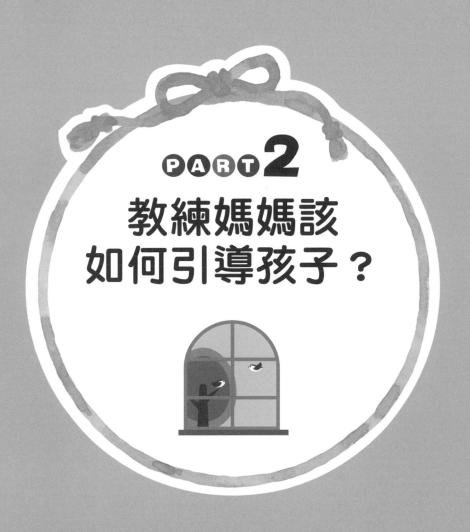

教練媽媽引導孩子的方法

透過提問引導法，協助找到人生目標並正向成長

你有聽過「指引教練」嗎？這是指能讓個人、家庭、企業有正面改變及成長的引導工作，教練會透過「提問」來幫你找到目標、正向成長，例如商業指引、學習指引、生活指引、夢想指引等等……許多大企業會邀請指引教練來訓練員工，希望讓公司的業務更有效率並卓越成長。

所謂「指引」就是不會馬上告訴你答案，而是讓你自己理解問題後去尋找解決的方法，成功解決問題後就會增進你的卓越感，久而久之便會讓你成為一個主動性高、可獨當一面的人才。**教練主要的工作，就是利用「提問、傾聽、同理、鼓勵」來引導，幫助你朝自己想要的方向前進。**

指引教練會透過輔導對象本身巨大的潛力，讓他自己去找出解答，教練只

是從旁幫忙輔助而已，這和我們在運動領域上說的教練也有些微的不同。運動教練主要是訓練選手為了使其技術更上一層樓而做的協助，但是指引教練並不一定得是那個領域的專家，因為教練的工作主要是藉著指引技巧，將對方的潛力挖掘出來，給予更正向的成長及幫助。

GROW指引法，引導孩子實現目標

我是個英文老師，教導學生的時候常常在想，該如何讓這些孩子更主動積極呢？因此我開始學習指引教練的指引方式，也成為了韓國教練協會認證的指引教練（KPC）。我發現將指引教練的引導方式，運用在親子教育上，就能提升孩子的主動性，幫助他們找到人生的目標與方向。

指引技巧有很多種，在這裡我想介紹一下GROW指引法。

- **G** Goal **目標設定：**目標是孩子想要做但不太順利的事項，也就是指孩子想實現的事物。
- **R** Reality **掌握現實：**仔細地說明目前的狀況。

● **O　Options　為了實現目標的各種行動：**為了實現那個目標，孩子能夠做的行動。

● **W　Will　意志：**朝目標前進的動力與承諾。

實際在引導孩子時，以三個月的時間來實踐，進行的方式也很簡單，只要每天花十分鐘來觀察孩子，用引導對話的方式來代替平常對孩子的嘮叨碎念就可以了。

孩子如果有目標想要達成，試著利用上述提到的GROW指引法來協助他吧！如果孩子找不到想要的目標也沒關係，鼓勵孩子不要放棄，直到他們找到想實現的事物時，媽媽們都在扮演陪同尋找的角色。

SMART設定法，引導孩子設定目標

假如孩子提出了想實現的目標，那麼我們可以和孩子利用SMART目標設定法，來檢示一下這個目標可行性與執行方式。

● **S　Specific：**想實現的目標一定要非常具體才行。

- **M** Measurable：設立的目標一定要能量化，例如想要減重的話要減幾公斤呢？想要成績提升的話，要決定第幾名或是要進步幾分。
- **A** Attainable：以客觀性來看，是要能夠達到的目標才行。
- **R** Realistic：目標一定要實際，不管誰看來都能夠做得到才可以。
- **T** Time line：一定要決定完成時間的限制。

※出處：《積極心理學指引》。

朝SMART的方式設定目標並建立計畫，那實現目標的可能性就會提高很多，當孩子初次實現目標後就會累積成就感，那麼接下來在設定其他目標時，實現的機率就變得更高了。

但有時也會有無法實現目標而失敗的情形發生，遇到這樣的情況，父母們可以帶領孩子想看

Point!

目標達成，送給孩子鼓勵的小禮物吧！

當孩子實現了目標後，給他一個小小的獎勵吧！建議在設定目標之前，讓孩子自己決定想要的小禮物，禮物不需要昂貴的，而是孩子需要或想要的小東西，有了這樣的獎勵更能激發孩子想要完成目標的心喔！

看「失敗的原因會是什麼？」「因為哪一個部分卡住，導致無法實現想要的結果？」「最妨礙的事物是什麼？」，不斷地讓孩子自己思考，如此一來便能漸漸修正實現目標的方法，最終實現目標。

激發孩子思考力的教練式溝通

教練式溝通技巧，能訓練孩子主導性、思考力

教練式溝通法，適用於各個年齡層的孩子，中學生、小學生，甚至連四歲的學齡前兒童皆可，底下我舉幾個對話實例供大家參考。

教練式溝通法 VS 小學四年級的孩子

某棟大樓裡禁止住戶將腳踏車停放在走廊上，不過孩子卻常把腳踏車停放在家門前的走廊上，這時許多媽媽會馬上命令孩子「把車移到其他地方」，但教練媽媽卻會用溝通的方式，讓孩子自己找到解決方案。

媽媽：「腳踏車若停放在樓梯間，當其他人爬上爬下時，看到樓梯間有腳踏車時，會有什麼樣的反應呢？」

孩子：「似乎不會怎麼樣，會不方便嗎？」

媽媽：「有可能會不方便，萬一腳踏車倒了怎麼辦？」

孩子：「那就把它停好，讓它不會倒下，因為腳踏車倒了的話，可能有人會受傷。」

媽媽：「對啊！會有些許不方便，車子倒了也有可能讓其他人會受傷。那該怎麼辦呢？」

孩子：「想不出來耶？」

媽媽：「想個方法吧！」

孩子：「那把車子停放在一樓，可能會比較好。」

媽媽：「是的，媽媽也是這麼想。」

用上述的方式溝通，提出問題來讓孩子自己想出解決的方案，這比起媽媽用命令的方式，反而更容易讓孩子主動去執行。

教練式溝通法 VS 四歲的孫女

爺爺過去從未與孫女單獨相處，但突然要單獨照顧四歲孫女一整個下午，突然有點不知所措。這位爺爺運用了教練式的溝通法，利用提問的方式將主導權交給孫女，彼此共度了歡樂的下午時光。

「要玩什麼遊戲呢？」
「要拿什麼玩具來玩呢？」
「這個該怎麼做呢？」
「接下來，我們來玩什麼呢？」
「這個和那個交換，會發生什麼樣的事情呢？」
「這個遊戲為什麼好玩呢？」
「要爺爺幫你做什麼呢？」

爺爺不斷將主導權交給孫女，孫女玩得非常高興，當媽媽回到家、爺爺正準備回自己的家時，孫女還哭著要爺爺陪她玩呢！

透過教練媽媽引導，讓孩子達成目標

不知道大家有沒有發現，有些進入大企業工作的新職員，學歷好、有禮貌，處理事情的能力也很強，聚餐時也知道如何製造氣氛讓大家玩得盡興。但是在需要提出點子的會議時間裡，這些人大部分都是沉默、沒有任何意見。

因為大部分人的教育和生活方式，總是只專注在現有的東西上而已，因而疏忽了獨自思考、創新的力量，但是我認為孩子進入社會生活時，必須具備的能力就是主動性、團隊合作精神，而且一定要有創意思考力才能生存下去。

教練媽媽就是利用提問的指引方式，來引導孩

孩子自己做決定，媽媽扮演輔助角色

引導對話必須是孩子自己來決定事情，媽媽則以支援、輔助的身分讓孩子能夠好好實行目標，一定要鼓勵他、稱讚他、等待他，這樣做才是教練媽媽。

子想出解決問題、達成目標的方法。我相信每個媽媽都很愛自己的孩子，而且比誰都希望孩子能過得好，但是在引導時要特別注意，因為有時候反而太愛孩子了，不自覺地加諸太多自己的慾望在孩子身上。所以教練媽媽在與孩子做引導對話的時候，不應該添加自身的成見和意圖，很多媽媽會自以為很了解孩子的情況，甚至想要引導出自己希望的答案，這樣是不行的。

不要小看提問溝通的力量

透過提問引導，讓孩子能夠自己思考、回答、行動

替韓國寫下世界盃四強神話的希丁克教練，究竟他是用什麼樣的祕訣，帶領著韓國足球隊打進四強呢？仔細閱讀他的書之後，可以確定他的對話技巧對四強神話起了很大的作用。

他的祕訣就是「問題式對話」，讓國家選手們自己去思考後，努力找出答案。一般運動教練總是下指令讓運動員去做，但是希丁克教練卻是讓運動員邊思考邊做訓練，久而久之兩者之間就會形成相當大的差距。

只要簡單的提問，就能激發孩子思考力

許多媽媽都認為自己比孩子們聰明，所以認為自己所做的判斷是正確的，總是怕孩子受傷或走錯路，耳提面命的告訴孩子該怎麼做。但是當孩子到了青春期後，媽媽們不斷的叮嚀反而會被他們視為嘮叨，久而久之也讓親子關係更加疏離。

媽媽們其實不需要苦口婆心地去說服孩子，**與其一直嘮叨碎念跟孩子講道理，不如試著用引導式的提問法還比較好，因為人們在接收到問題的同時，腦袋就會針對那個問題自動地去想答案回答。**

舉例來說，今天是星期四，預計周末我們要去家族露營，星期五去露營、星期日晚上回來。可是星期一孩子一定要交學校的作業，這樣的話大部分的媽媽們會說：「只有今天有時間，如果想去露營今天一定要把所有作業都做完。」與其用這種方式來指示，不如用底下的方式會更有效果。

「我們明天早上要去露營，一直到星期日晚上才會回來，那什麼時候做完

作業會比較好呢？」

「萬一作業全都做好，再去露營有什麼好處呢？」

「萬一作業沒做完，就去露營的話會發生什麼事呢？」

「要把作業都做完，需要多少時間呢？」

「露營回來的那天晚上，你身體狀況會怎麼樣呢？」

當然一直到孩子上小學前，決定事情的主導權一定是在父母身上，不過我還是建議在孩子小時候，與其幫他們做決定，倒不如先說明情況後，再讓他們來選擇會比較好。即使他們失誤了，但失敗的過程反而也是一種經驗的累積，媽媽也可以從旁協助，鼓勵他們就算失敗也沒關係，再修正方式往目標前進。

舉例來說，有些高中生在學校發生的所有事都會跟媽媽報告，就算是一件小事也要問媽媽，例如要不要訂購團體T恤、T恤的尺寸大小是多少、要不要訂牛奶喝……等等，就算已經是大學生，我也有聽過連這種雞毛蒜皮的小事，都要問媽媽的情況。

這樣無法獨立的孩子，不管從多好的學校畢業，若無法過著自己主導的人生，就算成為了大人也總是會感到不安，對自己該做什麼也會感到混亂，無法決定自己想要的目標。

把每天對孩子的嘮叨，改成提問來引導

教練媽媽對孩子所做的其實很簡單，**只要把每天的嘮叨換成「問問題」就行了，不要小看問問題的力量，因為它會發揮出我們想像不到的影響力。**舉例來說，當你問孩子：「你做什麼心情最好呢？」有些孩子會回答，但有些孩子則會回說不知道，不過就算嘴巴說不知道，其實那個孩子的腦袋瓜裡已經留下這個問題。

孩子雖然無法馬上聽到問題就回答，但經常問他問題的話，孩子自身會不自覺地思考那些問題的答案，思考力就是這樣一點一滴的被激發，有時候過了幾天後，孩子就會說出自己對於那個問題的想法。

假如媽媽用指示型、命令型的口吻，則孩子們自己便不會主動去思考，反而是學習到那種命令的語氣，特別是越小的孩子更會那樣，在那種家庭環境下

漸漸成長的同時，也會以指示型、命令型來與別人說話。我們希望孩子帶著什麼樣的口氣來說話會比較好呢？父母們請再多想想看吧！

想想看，你是否也有這種感覺？當我們是被人命令著去做事，總是特別提不起興致；如果是自己決定去做的事，那大部分都會更加認真，達成目標的機率也特別高。

總是做著別人指使的事、只會等待人家交代你事情該怎麼做，那就活像機器人一樣，而且一旦某天突然遇到要你自己決定做什麼的時候，常常會不知道該怎麼做。這樣的孩子出社會就業後，也很容易因為自己沒有解決問題的能力，所以在公

Point!

培養孩子解決問題的能力，
就是父母給孩子最好的禮物！

不斷地問孩子問題他就會主動思考，也會於某個瞬間產生「啊～原來是這樣！」的感受，這就是明白了這個想法。事實上每個人的人生裡，並沒有正確的答案，因此父母要讓孩子從小就開始培養自主思考的能力，未來才能規劃出適合自己的人生，我認為這是能夠給孩子最好的禮物。

司很難獲得好評價。

藉由「問問題」來引導，除了能增進孩子的思考力、解決問題的能力之外，也能讓孩子對每件事物產生好奇，自己也會常常提出問題，這對孩子思考自己的人生、夢想、未來，都會有很好的幫助。

用心傾聽比說話更重要

我們對善於說話的人會豎起耳朵，對善於傾聽的人會打開心扉

想要說服別人的最佳道具，就是我們的耳朵。要先聽清楚他們在說什麼，這樣才可以順利說服他們。

——迪安・魯斯克（前任美國國務卿）

有些媽媽在和孩子聊天的時候，幾乎大部分是媽媽在說話，或許小學低年級的孩子話比較多，但你會發現當孩子到了小學高年級、國中後，說話的次數便漸漸減少了。但是媽媽的話依然很多，常常都是媽媽一直在說話，孩子則隨

便箇短的回答而已。

如果你也有以上的狀況，不如試試八十與二十法則吧！媽媽說話的比重降低為二十%，而八十%的比重都是讓孩子說話，孩子說話的同時，媽媽還要認真的傾聽。這種方式運用個一到兩次之後，當孩子產生疑問或是想對話的時候，就會想起媽媽。

不過大部分的情況，都是媽媽說話的比重佔八十%，所以雖然孩子們在小的時候喜歡一直跟媽媽說話，但是從上了國中開始後，彼此的對話就漸漸減少、父母和孩子的關係也疏遠了，這種現象發生在男孩子身上也更常見。

國二生亨碩和爸爸一起參與兩天一夜的活動，這兩天的旅行結束後，爸爸說：「這麼好的活動真不知道為什麼現在才做，提早做的話就能和兒子建立更好的關係了呢……」，看得出來相當滿意。但是相反地，兒子亨碩說：「我再也不會和爸爸一起旅行了，感覺這兩天如兩年一樣漫長。」表現出盡是不滿。

為什麼會那樣呢？因為爸爸這兩天說了很多他自己想說的話，反而都沒顧及到兒子的心情。若是爸爸能採用八十與二十法則，讓兒子說話的比重佔八十%，爸爸則有二十%都在傾聽的話，那就會是一次很有意義的旅行了。

用心傾聽孩子說話，孩子就會打開心扉

你會對善於說話的人豎起耳朵，但會對善於傾聽的人打開心扉。

——阿川佐和子（日本談話女王）

如果用真心來傾聽孩子內心的話，孩子會覺得受到慰藉，感覺有人懂他，並且試著思考新的方式來解決問題。當然小學生要說有深度的對話或許不太容易，但是持續朝這種方式來練習就能有所成長，**當我們用嘴巴說的同時，我們的耳朵聽到了那些話？根據這些我們的大腦會思考並反應。**

我的孩子自己決定考試前不上補習班，而是在家努力學習，那段時間我們很自然地常對話與聊天，我並沒有特別和他說什麼話，當他說話時我只是認真的聆聽著，那個時候我覺得孩子很愉快，而且和我的關係也變得更好了。

其實這就是傾聽的力量，試想看看不管是誰，若能真誠地聽我把話說到最後，甚至在聊天的當下非常清楚「我做了什麼、我的情感是怎樣子的、以後要怎麼做才好呢？」，那我們就能得到同理心，深深覺得有被人用真心對待。**只要用真心肯定孩子、支持他、傾聽他所說的話以及他的內心，那教練媽媽的引導就能發揮相當大的力量。**試著一個星期都認真傾聽孩子們所說的話吧！相信便能感受到孩子產生的變化。

當我們在傾聽對方所說的話時，其實也有三個階段，希望父母一定要能達到傾聽的第三階段，才能真正了解孩子的想法。

●**第一階段：**聽我想聽的、記我想記得的，其實我們大多數都處於這個階段的傾聽。

●**第二階段：**不只聽對方所傳達訊息，而是觀察他的語調、速度、態度等並做出適當的反應，並且能相互交流。

●**第三階段：**隱藏在對方所說之下的意圖、釐清真正想說的話是什麼。

舉個例子，當孩子大聲說著「我不喜歡去學校！」這句話是真的不喜歡去學校，還是因為成績、朋友問題等等各種原因呢？或許「媽媽我好累喔，請您理解我，請您幫幫我」有這層涵義的可能性會來的更高。可是倘若不傾聽孩子內心，就片面接收「我不喜歡去學校」這句話，很容易父母就會大吼孩子「你在說什麼鬼話！」「不要說這種沒用的話！」這種反應。

想要做到和孩子談心的對話，就要讀懂孩子的內心（同理），要能夠意識到他的感情，這樣就能做到傾聽的第三階段了。理解孩子內心的對話，可以讓孩子擁有端正的人格，也能建立出良好的人際關係，對他以後求學和工作上都有所幫助。

Point!

聊孩子感興趣的事物，就能拉近親子關係

想要和孩子們溝通順暢的話，需要努力配合在孩子們感興趣的事物上。建議以孩子感興趣的事物作為話題聊天，就可以和孩子做出有點深度且發展性的對話。孩子們喜歡的事物是什麼、最近在孩子們之間造成話題的是什麼、孩子們之間有什麼流行的詞語，留心這些就能和孩子們更加親近。

讀懂孩子的心才能產生共鳴

同理心就是設身處地為對方著想，讓對方感到被理解

只有五％的顧客會用言語表達，九十五％的思考發生在無意識狀態。

——傑若德・查爾曼（哈佛大學教授）

美國心理學家麥拉賓（Albert Mehrabian）所提出的「麥拉賓法則」指出，當我們評斷一個人，根據語言得到的訊息（談話內容、言詞的意義）佔七％，從聽覺得到的訊息（聲音大小、語調等）佔三十八％，透過視覺得到的訊息（外在、表情、動作、態度等）佔五十五％。也就是說九十三％的溝通並

非是說話的內容，而是非語言性的狀態，即是透過非語言的肢體語言來傳遞訊息。

用同理心對話，就能產生不一樣的結果

媽媽、爸爸和六歲的孩子，每周會去療養院一次，探望患有失智症的奶奶。可是某一天孩子很堅持地說他不想去療養院，這種情形該和孩子用何種方式進行對話呢？

★範例一

進秀：「我不想去醫院。」
媽媽：「為什麼？」
進秀：「就不想啊，去醫院很無聊。」
媽媽：「因為去醫院很無聊所以才不想去的是嗎？但是因為奶奶也想要看到進秀，所以一定要去耶，怎麼辦呢？」

進秀：「不要，我不想看到奶奶。」

媽媽：「就算進秀不喜歡，但忍一下快去快回，回來的路上我們去吃進秀最喜歡的披薩吧！」

進秀：「就算這樣也不想去。」

★範例二

進秀：「我不想去醫院。」

媽媽：「為什麼？」

進秀：「就不想啊，去醫院很無聊。」

媽媽：「因為去醫院很無聊所以才不想去的是嗎？但是因為奶奶也想要看到進秀，所以一定要去耶，怎麼辦呢？」

進秀：「不要，我不想看到奶奶。」

媽媽：「不久前進秀不是很喜歡奶奶的嗎？但是為什麼最近都不想看奶奶了呢？你討厭奶奶了嗎？」

進秀：「沒有……」

媽媽：「那為什麼不想去看奶奶呢？」
進秀：「因為奶奶看到我一點都不高興啊。」
媽媽：「啊～原來是因為奶奶沒有像以前一樣很開心地看著進秀說『我們可愛的小乖乖來了』這樣子嗎？」
進秀：「奶奶好可怕，都不看我，而且還一直說些很奇怪的話……」
媽媽：「因為奶奶不像以前的樣子，所以你感覺奶奶很可怕啊？」
進秀：「對啊，現在的奶奶變得好可怕……」
媽媽：「原來是這樣，那是因為奶奶生病了，媽媽和爸爸一定要去探望奶奶才行喔！那你覺得該怎麼做才好呢？」
進秀：「那就一起去醫院，我進去奶奶的房間打招呼後，就到走廊上玩這樣可以嗎？」
媽媽：「好吧，那也是一種方法，那還有其他的方法嗎？」

【範例一】的例子中，我們和孩子的對話，只專注在我們一定要做的事情上，所下的指示完全沒考慮到對方的感受。不過在【範例二】裡面，我們解讀了孩子的感受並同理他，媽媽對孩子不斷地提問，孩子就會自己說出不想去醫院的理由，還提出解決方案。

讀懂對方的感受、用心去對話，是在教養過程中非常重要的一件事，就等同要讓孩子健康地長大，你會餵食他好的食物一樣，唯有這樣才能讓孩子發展出健全的人格、健康的身體。

用同理心對待孩子，能讓溝通更順暢

同理就是讓自己進入他人角色，暫時捨棄我的立場，百分之百站在對方立場設身處地思考的一種方式。這樣便能夠理解對方在心理、情緒或行為上的反應，且能夠理解並感同身受對方的反應，人們在感受自身被理解的同時內心會開始轉動，會覺得被愛。

完全站在對方的立場，充分理解與同理對方，這並不是件容易的事，唯有不斷努力才能夠一點一滴培養出同理能力。孩子們要從父母那邊感受到被同理，父母才能聽到孩子的想法及他們感興趣的事物、才能多了解孩子們一點，特別是國中、高中時期的孩子更需要被同理。

舉例來說，年輕的戀人交往一陣子後，男生要去當兵時，你若是說「我們國家是被分裂的國家，因此必須要履行國防義務。」這種話完全沒有任何的同理心。因為當下戀人們的心情只有「和戀人分開實在太難過了」、「希望服兵役的時間能快點結束……」這樣的心情。你必須要解讀對方的內心，才有可能產生同理。

同理心會根據個人狀況有所不同，你若不是設身處地為他著想，是很難體會並理解那種情感。假如媽媽能同理孩子的內心，孩子們就會認為「媽媽是站在我這邊的」。

大衛・豪在《同理心的力量》一書中，對於同理心是這樣解釋的「育兒假如是回應孩子的需求，那就一定需要同理心，在具有同理心家庭長大的孩子，未來在社會上生存的能力就越高。有同理心的父母會意識到孩子的需求、預測危險並識破危機，他們會很注意孩子的狀態，所以更能鞏固對孩子的保護、安全及生存。具有同理心的照顧，才是真正成功的照顧。」

同理心很重要，調節自己的情緒更重要

同理心重要的是情感的調節，雖然解讀對方的情感也很重要，但解讀自己的情感並懂得調解，也是在締結良好的人際關係時，一項很重要的要素。

說話高手們其實不管面臨怎樣的情況，在對話中都不會和對方起口角，所以當媽媽和孩子起衝突的時候，請一定要記得你最終的目的是什麼？應該不是急於吵贏孩子，而是為了讓孩子順利成長。

有些媽媽和孩子聊天，若孩子不是按照媽媽主張的方向走，不知不覺媽媽

Point!

孩子就是父母的一面鏡子

不知道大家有沒有聽過這句話「結婚前請先看看對方的父母」？因為孩子就是父母的一面鏡子，孩子從小伴隨著父母漸漸長大成人，不管壞的、好的事情，所有事都會有模有樣學起來。所以當父母的情緒有所起伏而不知調節的話，孩子以後也是用那樣的方式在處理情緒，因此建議父母要從孩子小時候就開始培養同理對待孩子的心，唯有真誠對待孩子，才能挖掘並發現孩子感興趣的事物和才能。

的語調就越來越高，甚至打斷孩子的話語不讓他們說完。請你想想「一開始對話的目的是什麼？」，對話後的內容是否和你最初的目的不一樣，這種情況其實常常發生，但是，請你一定要尊重孩子的想法，若媽媽的主張太過強勢時，孩子的反駁可能會變得更加嚴重，而且單方面以媽媽的立場在對話，孩子們到了青春期就會開始逃避對話。

教養是一條困難而行的路，當父母在教育孩子時，其實也要適度調整自己的情緒，因為父母怎麼處理自己的情緒，其實孩子都看在眼裡，長大後孩子也是用這些方式在面對自己的情緒。

找到自己的價值就能發揮潛力

找出自己喜歡的事物，才能樂此不疲往前邁進

我們活下去的力量是什麼呢？信仰、愛情、健康、關係、金錢、權力、自由、平安、家族、名譽等，在眾多無數的事項中，我們根據自己的想法來決定優先順位在過日子。我的價值究竟是什麼呢？我擁有怎樣的潛力呢？那我們的孩子呢？

找到自己的價值，就能堅定不移前進

JYP的社長朴振英在創立公司後，便以與眾不同的才藝和熱情使公司日益茁壯，放下自身本業是歌手和公司社長的頭銜，開始思考著自身價值這問題。

在思考一陣子之後，他提出「要成為娛樂公司的新體系領袖」目標，將自身追求的價值更具體化之後，他在事業上也越來越能夠全心全意。

回顧我的人生，二十五歲前都在父母的關愛和保護下，解決食、衣、住的問題，並能努力集中在學業上。大學畢業後的二十五年期間，我歷經了結婚、讀研究所、美國留學生活、國際企業中的職場生活，最後成為英文老師。在這之中佔我精神比重最多的一件事就是育兒。大學畢業後出社會工作的時候，宇宙的中心是我自己，但是在孩子出生之後，孩子卻成為了我生活的重心。

我會轉變為英文講師也是因為我的孩子，孩子剛出生時我依然像一般上班族一樣待在公司工作，但發現自己無法好好兼顧到上班、照顧孩子，因此我選擇了工作彈性、能夠養育孩子的英文老師之路。所以在接下來的期間，直到現在我的人生，都盡全力在工作和育兒上，也就是說藉由英文老師身分，我幫助孩子們能夠有趣地學習英文，還能以教練媽媽的身分培養孩子思考力，我發現這就是我要的人生目標。

媽媽本身會思考並尋找自我價值，而孩子當然也一樣，尤其孩子到了青春期，對自身會有很多煩惱和徬徨，偶爾也會有反抗的時候，這些都是成長的過程。若是父母能在一旁不斷地觀察孩子且理解他們，幫助他們一同尋找自我價值的話，孩子在成人的時候，就能確立自己的目標並找到前進的方向。

當發現自我價值、確立目標之後，人們就能夠帶著更加積極與熱情來工作。沃倫・巴菲特在哈佛管理大學講課時，被問了這個問題「任用人才的時候，你認為什麼是重要的？」那時巴菲特說：「誠實、聰明、熱情都是用人的標準，但其中又以熱情更為重要。要如何使人們努力不懈的工作？那就是他必須做自己喜歡的事，而且目標一定要很明確，才會一直有源源不斷的熱情支撐他。」

培養我們的孩子時，重要的是用真情來教導所有的一切，自身也要做出良好的示範，這是除了父母之外，誰都做不到的事，就算在學校也學不到。人在活了一輩子後會發現，我們最重要的東西是向父母學來的。我們的孩子直到一百歲，會帶著怎樣的價值繼續走下去、會為自己設下什麼樣的目標？其實這大部分也是在二十歲之前，由家庭成長所帶給他的想法。

透過教練媽媽引導，來挖掘出孩子潛力

將跳蚤放入杯子裡用蓋子蓋起來，一開始跳蚤跳的高度會撞到蓋子，就這樣幾次之後，因為蓋子的關係，牠知道無法跳得更高，所以只跳到不會撞到蓋子的高度，之後就算你把蓋子拿走了，但跳蚤也只會跳到那高度而已。

在一定的空間裡放入老鼠和起司，起司旁邊放上陷阱，老鼠為了要去吃起司每次都會被陷阱電到，之後你就算放入其他代替起司的食物時，老鼠乾脆連試都不試了。

假如把小象的腳踝綁在木樁上的話，小象試了好幾次想要將木樁拔起跑走，可是因為力量不足以將木樁拔起，所以也就跑不了了。隨著時間過去，雖然牠也成長為大象，力量已大到能夠拔起木樁，但那時大象連跑走的想法也都沒了。

上述的例子中你會看到，即使擁有許多的潛力，但在他人或是自己所設定的界限下，就會認為自己無法越過那界限。請想想看，我們是否也給我們擁有許多潛力的孩子們設下了界限呢？**其實孩子有我們所不知道的無窮潛力，為了**

盡可能去發掘出來，媽媽必須不斷地鼓勵還有挑戰，這是父母得扮演的角色。

這裡就要特別向大家提到——比馬龍效應（Pygmalion effect），這是近代教育學研究很重要的發現，理論的中心是：假設老師認為孩子是資優學生（即使他們的能力其實不足以到資優生），但是經過老師的鼓勵與指導，他們最終會變成資優生。

比馬龍效應的典故來自古希臘神話，比馬龍是出自希臘神話裡某雕刻家的名字，他是塞浦路斯（Cyprus）的國王，他花了畢生的心血，用象牙雕成了一個少女像，那雕像非常的漂亮，所以他對待那雕像猶如活生生的人一樣，他每天賦予真摯的感情，日夜盼望雕像變成真人成為她的太太。結果某一天，比馬龍親了這雕像當下的瞬間，這石雕像竟然化成真正的女人，並成為他的太太。

雖然古希臘神話聽起來很遙不可及，但在國外確實有實驗了比馬龍效應，研究人員在一批學生中先測試了他們的智商都是一般生，再隨機抽出幾個人向老師聲稱他們是資優生，一年後再為這些學生測試智商，發現他們的智商成長率明顯高於其他學生了。

為什麼會有這樣的情形發生呢？那是因為老師對這些資優生特別照顧，給予關懷、重視、鼓勵，增強了學生的自尊、自信，因此更能刺激學習的動機。這就**和教練媽媽的教育理念一樣，不論孩子的本質是什麼，我們都要給予協助使其能發揮自身的力量，而媽媽該怎麼樣培養這樣的潛力就是關鍵了。**

我們所知道的世界級運動選手或藝術家們，是怎麼樣發揮出他們的潛力呢？其實他們並不是與生就具備那樣的才能，而是「計畫性地反覆練習」。要喚醒我們孩子的潛力，計畫性反覆練習是需要的，小時候我們會讓孩子嘗試許許多多不一樣的活動，但是目標確立後就要為了達到某個程度的水準為止，需要反覆的訓練，才能打造那卓越的才能。

稱讚和鼓勵，賦予孩子最強力的動機

孩子從小的時候，試圖做某些事情且獲得成就的時候，媽媽從旁的鼓勵就非常重要。經歷過這種經驗的人，會想要再度體會那種感覺，例如我們試過某種食物的味道後，要是覺得那個好吃，就還會想再吃的意思是一樣的。

某個孩子在國一第一次考試得了班上第一名，那麼比起得第一名這件事來說，那孩子最開心的其實是來自於周邊朋友們的肯定、父母親的稱讚、老師們的鼓勵等，這些會讓他感覺更加開心並累積成就感，而在下次考試的時候，他又會想要享受這樣的感受，因此在學習上會更主動。

所以當我們的孩子在某些領域上能發揮才能並初嚐成功滋味，就會讓他擁有成就感，持續往這個才能前進，孩子的潛力更能被激發，便能在這條道路上漸漸嶄露頭角，並且最終能自己在這個領域發光發熱。但回到最初的原點上，能激發孩子潛力、讓孩子發現自己的目標，就必須依靠父母來協助了。

Point! 找出孩子的潛力，持續朝目標前進

莫札特、老虎伍茲、金妍兒都是在專業領域上知名的人才，在他們的背後也都有著使他們潛力舞動的父母。莫札特在五歲以前，運用爸爸的教育結合音樂和作曲，到了五歲的時候就已經能自己作曲了。老虎伍茲也是受到爸爸教育的影響，從二歲開始抓著高爾夫球，到六歲時即成為高爾夫神童。金妍兒則是從七歲開始發現自己喜歡溜冰，並在媽媽的鼓勵和悉心照顧下，成為世界溜冰女王。這些例子都可以讓我們看到，原來父母發現子女的潛力並培養，所帶來的影響力是這麼大。

教育孩子必須以身作則

孩子會有樣學樣，父母更要做個好榜樣

有間幼稚園，常常發生孩子們搶同一個玩具的狀況而造成爭吵，因此有些媽媽就會對孩子說：「你要比其他小朋友早五分鐘去學校，拿著玩具到其他小朋友看不到的地方玩，萬一其他小朋友說要玩那個玩具的話，你就說『因為我已經先拿來玩了，你玩其他的吧。』」

但就算這樣還是無法停止小朋友間的爭吵，因此家長們就向幼稚園園長提議，請再多買幾個那樣的玩具吧，而幼稚園園長這樣回答：「希望來我們幼稚園的小朋友能學習到這三件事。第一，要先肯定其他小朋友也想要玩這玩具的心理。第二，能相互遵守彼此間所訂定的規則。第三，雖然想要一直玩，但是過了一定的時間也要能夠讓給其他小朋友玩。」

以上是韓國國家教育討論的節目上，精神科醫師所介紹的實例。

聽到這個例子其實我有很多的感觸，媽媽們請再次想想，雖然每個媽媽都很認真地在養育孩子，可是培育我們孩子的時候，最重要的應該是能幫助他成為品性端正的大人吧？我認為這才是父母們真正要做到的事。

不要只是光用嘴巴說，而是要用行動來示範這件事有多重要，並且好好地思考才行。假設你嘴上說著「一定要考慮到其他人」、「一定要幫助他們」、「一定要同心協力」，但你卻沒做出這些行動的話，孩子們就會很混亂，因為說的都跟做的不一樣。

想法與行動具感染力，父母要帶頭做榜樣

舉例來說，就算你不曾叫孩子「整理房間」、「好好收拾整理」，但假如媽媽總是將家中整理好的話，孩子們也是會有所成長。雖然不確定他們是否會馬上清掃自己的房間，但孩子的腦袋瓜裡想到「家」，就會描繪出整潔乾淨的畫面。

除此之外，常閱讀書本或是報紙的媽媽，其實對孩子的教育有更好的影響力，與其總是嘮叨對孩子們說「做作業」、「去念書」，媽媽不如自己去讀書、專注在一些有建設性的事物上，孩子也會漸漸受到感染，自發性的去完成該做的事情。但是現在的父母總是以高標準來要求自己的孩子該說什麼、該做什麼，但實際上自己卻整天懶散的情況也是很常見。

影響一個國家經濟發展的主因有很多，其中比起國民們的辛勤工作，教育的影響力還來得更重要。雖然在學校也有實施教育，但是家庭教育卻是影響孩子的品德最重要的關鍵。

Point!

教練媽媽要用行動證明一切

父母設立目標、努力實踐，努力展現為了幸福生活的樣子，孩子們也會被感染，想要過那樣的人生。父母的想法或是行動，會原封不動地傳達給孩子們，因為父母就是孩子的借鏡，倘若教練媽媽不以行動來示範的話，孩子們在引導過程中所能發揮的力量也會減弱。

媽媽幸福孩子才會幸福

媽媽幸福、家庭和睦，孩子才會幸福地成長

媽媽對孩子說「媽媽愛你唷！」與其這樣說，其實說「媽媽好幸福！」，更會讓孩子感受到強大的幸福感。當然在孩子非常小的時候，一定要對孩子說無數次「我愛你」，然而孩子到了小學高年級，甚至上了國中，父母若表現出的是「我奉獻了自己的人生來好好養育你」這種感覺的話，孩子們就會感到有負擔。唯有孩子感受到媽媽的人生是幸福的，而且媽媽也那樣述說自己的人生，這樣孩子自己才會想變得幸福。

最近我正在思考人生剩下的三分之一要怎麼過，而有了許多想法，我想以「幫助我的家人和周邊的人能更加成長的指引教練」這麼過生活，這是我的期望與願望。所以在五年前我也取得了指引教練KPC（Korea Professional

Coach）證照，不斷地指引、幫助需要的人，並朝這個領域努力學習。

學完指引教練的課程後，我發現當我內心產生糾結、想要解決某件事的時候，也能很順利地解決自己的問題，因為自己也成為了自己的指引教練，最大的改變就是什麼事該採取什麼行動，這個想法變得更明確。最初成為教練的動機，是希望在養育孩子和工作之間能夠平衡，但現在我希望將教練的專業更擴大，因為教練的工作不僅能幫助我成長，反而也能幫助我周圍的人，讓他們也一併成長，這樣的話會更有意義和價值。

透過自我指引的力量，培養解決問題能力

我相信育兒之路一定會累積許多壓力，有時候也會和孩子們爭吵、大聲咆哮、斥責，不知不覺對孩子嘮叨碎念。但是孩子們聽完嘮叨後，會自動自發的主動學習嗎？一定要他們自己認為該做的事，才會主動行動，因此培養孩子自動自發的習慣是非常重要的。

媽媽在與孩子發生爭執的時候，一定要適度的調適自身壓力，有些人和朋

友見面喝茶聊天就可以消除壓力，但我反而相反，我得利用自我指引的方式，讓心情平靜下來。自我指引就是當自己的教練，對自己提問並回答，可以打開電腦寫在文書處理軟體或是記事本上，並在第一行寫下最想解決的問題，接下來寫下和那問題有關聯的問題。萬一和孩子針對重要的決定意見不合爭吵的話，可以試試寫出下列的問題。

「對雙方都好的決定是什麼？」
「真正為了孩子的決定是什麼？」
「是什麼導致現在這樣的情況？」
「在這情況下我認為最重要的是什麼？」
「在這情況下孩子認為最重要的是什麼？」
「雙方的距離能變短嗎？可以的話有怎樣的方法呢？」
「假如無法使雙方的距離變短，有什麼方案可行呢？」
「最終對孩子、媽媽兩人最理想的結果會是什麼？」
「如果我回到孩子的年紀，那我會是怎樣的立場？」

「假如不是我的孩子，而是鄰居的孩子會怎樣給他建議呢？」

就這樣把在腦海中浮現的所有問題，在電腦面前將它逐一打下來，然後思考並寫下答案。這樣做了某種程度的問題和回答後，內心就能更安定、變得更加理性，也能產生更客觀性的方式來處理事情。每次與孩子的意見不同時，與其在他面前大聲咆哮，不如稍微給彼此時間，列出問題好好思考，透過這樣的自我指引方式，就能讓情況變得更加緩和，也能順利找出解決問題的答案。

媽媽若是感情起伏太大，就無法給予孩子良好的影響，雖然媽媽無法總是開心的，不過媽媽必須展現出安定的面貌，這樣對孩子的情緒、對孩子和媽媽的關係會有正面的影響。要是媽媽幸福孩子也會幸福，媽媽憂鬱的話也會確實地傳達給孩子，孩子便會感受到憂鬱的心情。

除此之外，和家人關係不好的話，也會為孩子帶來不好的影響，特別是夫妻間的關係，夫妻關係和睦、媽媽要幸福，才能讓孩子也幸福地成長。**希望自己的孩子幸福地成長的話，首先要先思考看看「該怎麼做我才會幸福」吧！**

家庭和睦對孩子的影響有多重要？舉例來說，當遇到爭執時，孩子會怎麼解決呢？我聽說最近小學裡動手打架的孩子人數正在增加，其實在和睦的家庭下成長的孩子，若遇到爭執會學習用言語，充分說明自身的意見來說服對方。那些無法用自身言語說服對方的孩子，又或是感覺到自身被無視的孩子，他們就很容易使用暴力解決問題，所以培養孩子解決問題的能力就很重要。

Point!

透過問問題，引導想出解決問題的能力

教練媽媽一定要每天試著與孩子對話，透過提問的方式引導他想出解決問題的能力，也許當下孩子回答不出來，但在往後也有可能會獨自思考。累積這樣的經驗來訓練的話，孩子成長的同時若遇到糾結的情況下，他便能主動做出自我指引，想出解決問題的方法。

PART 3

教練媽媽培育出的孩子有何不同？

充滿好奇心且創意力豐富

對任何事物充滿好奇，才能激發出創意力

鄭賢模的《猶太人的學習》一書裡，提到哈佛大學的猶太人學生任太淑的故事。她的媽媽未婚生子，在忠清北道生下了她，出生後的九個月她被猶太人Magollin夫婦給領養，之後命名為Lilly Magollin。

任太淑在養父母的養育下長大成人，並進入哈佛大學就讀，她說這多虧猶太人父母的教育方式。她說：「養父母認為孩子在成長的同時，也要培養閱讀的習慣，因此我的家裡會放許多童話書，但是父母不會強迫我不喜歡看的，而我不想聽的課程也不會硬叫我聽，他們還會以我想要的東西來獎勵我。養父母會盡可能地提供我良好的教育環境，但是卻不會強迫，並讓我自己決定結果。我的家庭總是有討論式的對話，讓我對任何事物都充滿好奇心，這都歸功於他

們對我的教育方式。」

這段話可以看出幾個重點，閱讀習慣、父母與孩子的溝通討論，是培養孩子對知識好奇心的關鍵，唯有溝通對話、提出問題詢問，才能培養出對任何事物都感興趣的孩子。

孩子問問題的時候，不要馬上提示答案

孩子從恐龍博物館參觀回來後，便問媽媽：「為什麼現在沒有恐龍呢？」於是媽媽對孩子反問：「對耶，為什麼現在沒有恐龍呢？」。那麼孩子說出不知道、或是說出自己的想法同時，就會想試著找關於恐龍的書尋求答案。反之，若是孩子問問題的時候，媽媽馬上提示出答案，那孩子很容易遺忘這個答案。換句話說，**若是出於自己好奇的情況下，自己去尋找答案的話，那就不容易忘記這個答案**。

媽媽平常可以向孩子丟出各種能思考的問題，也可讓孩子抱持著好奇心，在日常生活中總是不斷思考、抱持著好奇心生活的孩子，腦袋會比較靈活，能

想出點子的機會也更多。其實現在有許多孩子聽到問題後，大部分都沒什麼想法，回答「我不清楚」、「我不要想」這種話。

大腦沒接收到問題就不會思考，不思考的話絕對無法有邏輯性和創意性。我們的大腦是越使用、越訓練就越發達，就算是年輕人卻不用大腦的話，包括記憶力在內的腦機能會衰退；若是上了年紀後還持續使用及訓練大腦的話，則會讓大腦更加發達。

豐富的創意力，始於對知識的好奇心

很多公司都喜歡任用充滿創意的人才，創意力是源自於對任何事物的好奇心，再透過問題加以訓練而成。日常生活中若經常思考的話，就會想出一些創新的點子，接下來就會想到該做什麼，只要先想到一種的話，漸漸就能想到二種、三種、十種、百種。

每個人會對感興趣的領域想著「為什麼會變這樣？」、「有什麼的話會更好？」湧出類似的好奇心，對感興趣的事物就會越想知道為什麼，透過思考後就能激發出不同的創意力。孩子的創意力也是靠媽媽的幫助才能大幅提升，累積這樣的東西以後，孩子們自己也會產生自問的力量，久而久之就會和不動腦的孩子產生極大的差距。

在學習普通的加法、減法也是一樣，與其直接告訴他計算方法，不如給他充分能夠自己解題的時間會更好。日常生活中要常問孩子問題，就算讀童話書也試著問問他主角的心情，例如自己若是作家的話，會寫出怎樣的結局等等。只要這樣不斷提供孩子思考的機會，就會讓他對知識的好奇心變得更多。

當我孩子五歲時，我老公在德國工作，那時孩子想要和爸爸通電話，但因為有時差並不容易。韓國下午四點是德國上午九點，如果我們在韓國時間晚上九點想要通話，正好是德國

Point!

父母的影響力比老師還大

現在社會生存的重點不在於孩子的數學有多好、國文有多好，而是要具備能夠思考的能力才重要。學校老師也好、補習班老師也好，老師教的再多其實不及父母的影響力，我認為激發孩子創意思考力，最重要的推手還是父母，家教會帶來最大的影響。

下午二點的時間，那時爸爸正在辦公室工作。孩子無法理解這樣的狀況，懷著好奇心問：「我們國家現在都是黑黑的夜晚了，為什麼爸爸在的德國是白天呢？」。

於是我拿著地球儀、手電筒陪孩子一起做實驗，把手電筒想成是太陽，說明地球一天以地軸為中心自轉。當手電筒（太陽）照射我們的國家時，德國是黑漆漆的一片；當太陽轉換至照射到德國時，韓國就會變成漆黑的夜晚。實際上我們並不清楚五歲的孩子能夠理解多少，但相信透過這樣的實驗，再找一本適合孩子年齡的相關書籍陪他一起閱讀，就能讓孩子對這個問題的答案越來越清楚。

主動積極具備獨立及獨特性

多體驗不同事物，找出孩子的獨特性及興趣

猶太人曾這樣說：「不是因為天才所以學習能力好，而是他跟別人不一樣。」孩子用自身內心的力量，便能找出「最像我的東西」，並試著朝這個特長來發揮就是很棒的一件事。要怎麼做我們的孩子才能找出「最像我的東西」呢？這裡指的最像我的東西，也可以把它解釋成自己與他人不一樣的獨特性。

媽媽在家裡聽到孩子們說出很無厘頭的話，不需要急於否定而是要給予肯定，必須常常鼓勵孩子，他才能培養出專屬自身的不同之處。我覺得教室裡常常變換桌子的排列，也是激發獨特性、思考力的好方式，可以讓孩子不會一成不變地限制在框架裡。

我的孩子在加拿大讀書的時候，我發現教室的桌子排列每周都會變動，每

逢星期一桌子就會圍成圓形或是方形，也會分組進行小組討論。現在也越來越多的學校，教室裡常會看到桌子排列變化、分組討論的情況，這樣在環境上做變化，能讓孩子的想法從刻板印象中脫離，變得更有延展性。

了解孩子的個性，找出他的獨特性

只要觀察一下那些很受大眾歡迎的明星藝人、政治人物後，不難發現他們都有屬於自己的個人特色。我們的孩子也要**找出屬於自己的特色，才能在未來進入社會生活後，找到能讓自己發光發熱的舞台**。

最近韓國有位白鐘元廚師，他相當受到大家喜愛，以「誰都能做的簡易料理」為主題崛起。他用一般人家裡冰箱都會有的材料，或是將節慶過後所剩的食材加以利用，來做出各式美味的創新料理，打著「不管是誰都會做、介紹簡易上手的料理達人」口號，找出自己的獨特性而闖出一片天。

既然獨特性這麼重要，那要怎麼找到孩子的「獨特性」呢？在日常生活中請觀察看看孩子們覺得有趣且擅長的東西是什麼，製造出讓他往那方向嘗試的機會是相當重要的，可以試著觀察看看，孩子獨自一人的時候都做些什麼？

觀察孩子在長時間做下來也不會疲倦、帶著興趣並且專注做的事是什麼，就能找出孩子的興趣，持續往那個方向前進，就會漸漸挖掘出孩子與其他人的不同之處。

旅行嘗試新事物，能讓孩子獨立成長

世界是一本書，不旅行的人只讀了一頁。

——奧古斯丁（西方哲學家）

我們家常常旅行，我發現藉由旅行能讓孩子獨立成長許多，體驗不同的生活經驗。孩子在小的時候，主要是由我擬好旅遊計劃去自助旅行，自助旅行要準備的資料非常多，例如必須事先預定好全部的住宿、查詢好要去地方所有的位置……等等。

等孩子大一點後，我會開始讓孩子一起擬定自助旅遊的計劃，甚至連要去的景點也可以由他決定，因為大人們通常喜歡去有歷史性意義的場所、風景漂亮的地方看美景，但孩子可能想去的地方不一樣。我會事先告訴孩子旅行的天數、預算，讓他試著來規劃這趟旅行的行程，自己決定想去的地方。

孩子在規劃時我也會從旁協助，並提醒他必須將所有行程及住宿控制在預算之內，這樣的話能讓他對金錢概念有更明確的認識，並了解怎樣的花費能發揮最大的效益。讓孩子決定想去的景點也有個好處，這樣他反而會對旅行更充滿期待，就算旅程遇到辛苦的事也能好好克服。

除非之外，旅遊時也可以讓孩子盡量嘗試

Point!

體驗多采多姿活動，找出孩子的興趣

每次去新地方旅行回來後，讓孩子說出印象最深刻的事給你聽吧！這樣父母可以了解到孩子對歷史有無興趣、對建築有無興趣，假如孩子對文化沒興趣的話，那對當地的飲食是否有印象呢？從多種角度來聽聽孩子的回答，持續透過引導來對話，就能找出孩子最擅長、喜歡的事物是什麼喔！

許多體驗，因為平常在學校很難進行多樣化的體驗，但是旅行時就有很多獨特性的活動可以嘗試，例如衝浪、潛水、滑雪、滑板、游泳等等，藉由體驗多采多姿的活動或文化，父母可從旁觀察孩子的反應，藉此找出孩子的興趣。

懷抱夢想持續往前邁進

一定要找出自己的夢想，才有前進的動力

試著讓孩子每年或是每個月，將想做的事情記錄下來，這樣一來就能了解孩子對什麼感興趣、想把什麼事做好。萬一在那清單裡，從小學六年、國中三年、高中三年期間，都有持續重覆出現的事，那就是這孩子想要實現的夢想。

讓孩子親手試著寫下是非常重要的，我家小孩從小學五年級開始，每年一月會把那年想要實現的十件事寫下來，並貼在書桌上，隔年一月就會確認去年的清單裡，哪些有實現、哪些沒實現，然後再次把下一年想要實現的事寫下，並貼在書桌上。利用這個方式，就會一步步的朝自己的夢想邁進。

要先設立目標，才會找到實現夢想的方法

世界上的人可以分成三大類，第一種人是連夢都不敢夢的人，也就是認為「夢想是不必要的」，認真地過一天是一天。第二種人是很認真作夢的人，這種人總想著要實現夢想，但是卻沒有實際的努力和行動，不管什麼都說明天再開始。第三種人是有夢想也會實現夢想的人，夢想什麼時候會實現並沒那麼重要，因為他們會為了實現夢想而努力和挑戰，雖然也會有跌倒和辛苦的時候，但最終會實現那個夢想。

曾有人說「夢想是依據所想像的程度實現，請寫下夢想、將寫下來的夢想放在錢包隨身帶著，或是用畫來表現，貼在牆壁上後每天看著作夢。」這句話只是表象地寫下來，若你真的認為只要看著你寫下的夢想就能實踐，那可就錯了。**夢想是需要透過不斷的努力來實踐**，例如某個學生想要考全校第一名，如果只是光想而不去做準備的話，那他永遠無法實踐這個夢想。

因此上述那句話我認為用這個意思來解釋比較好：當你每天看著你寫下的夢想時，要用腦袋瓜專注的思考該怎麼做，並朝著這個方向來實踐，這樣就能

尋找出實現夢現的方法，並努力地去完成它。

舉例來說，在我寫書的期間，我的腦袋裡除了睡覺時間、上課時間，全都被書本的想法塞滿滿的。不管聽了什麼、看了什麼、讀了什麼、見了誰，我都是在思考這些和我的書主題是否有關聯？哪些和我的書裡有部分一致？我總是會聚焦在這個上面不斷思考。

夢想很小也無所謂，它是實現大夢想的基石

讓孩子試著寫下他想要做的事情，找尋夢想之事就會變得輕而易舉，就算是很微小的夢想也沒關係。讓孩子在紙上寫下小小的願望後把它貼在牆上，那麼接下來每實現一項的時候，就畫圈來標示，這樣一來孩子又會想要實現其他的事物，而且漸漸會萌生出想完成更多事物的想法。一開始就決定巨大的夢想並不容易實踐，但是寫下許多小夢想，一點一滴實現的話，就能逐漸知道自己想要的東西是什麼。

以前設定的夢想也可能會改變，夢想變了也不要緊，只要結果是本人想

要的就好了。《在你的熱情加上職業吧》這本書的作者金珠妍，是專攻生物學的學士及碩士，她的夢想是開發新的糧食，讓世上不會有小孩餓死，她計畫完成碩士後就要到國外留學，可是研究所二年的時間，她幾乎都住在研究室裡，在快完成碩士論文時內心異常地動搖。對自己提問「這真的是我想要做的事嗎？我能做得好嗎？做這件事我會幸福嗎？」問了很多諸如此類的問題。

研究所畢業後，如果想要再繼續專攻上去，那就要繼續在研究室待五年專研更高深的課程。那麼要不要中間先休息一下呢？於是她決定先用一年的時間去職場工作看看，便投履歷到適合生物學系的製藥公司，認真地工作一年後，她覺得職場生活很有趣，或

Point!

讓孩子設定小目標，想出實踐的方式

媽媽從孩子小時候就要開始幫助他設定小目標，且努力實現它們。目標再小都沒關係，只怕孩子不清楚想要做的事是什麼，或是沒有想做的事情，這樣他就無法認真地投入。認真投入一件事的孩子，其他事情也會認真做，因為當孩子找到目標就會自動自發學習。媽媽要做的是不斷地相信孩子、等待他、鼓勵他，孩子就會朝著自身的目標前進。

許比起出國留學，職場的工作更適合自己的個性？從那之後她便轉任P&G就業，至今已十七年以上的時間了。

叫孩子現在就提早決定未來的方向或許有點困難，但是一定要提前做好準備，不斷地設立目標才能找出自己的人生方向。平時可以經常對自己提問，這也是個能夠更加了解自己的方法，經歷各式各樣的經驗累積後，仔細地觀察自己、向自己提問聽聽內心的聲音，才能夠正確且及時找出適合自己的事物。只要能讓孩子順利找到感興趣的事物或是才能，未來他們就能愉快地工作，找到能快樂生存於社會上的方法。

未來能成為好的領導者

幽默才能拉近心的距離，權威只會將人越推越遠

二〇一五年春天，我看到報紙上刊載了有關羅暎錫PD的訪談（註：羅暎錫是韓綜王牌製作人），訪談的內容是與領導力有關的，他說：「每個團隊的成員，就算是中低階級的成員，也都希望能為團隊盡一份力量、希望對團隊能有所貢獻。真正的領袖會在要求對方做出什麼成果之前，先溫暖對方的內心，例如讓團隊中屬低階職位的成員，也享有著被重視的感覺，這就是那團隊全體成功的祕訣」。

若是把這話套用在家庭裡看看呢？父母是家裡的領袖，部下是家庭的其他成員（孩子），也就是說要先溫暖孩子們的內心、理解他們內心的想法，並且讓他們有著被重視的感受才行，這個團隊才會有很好的向心力與凝聚力。

真正的領袖，會用笑容領導部屬

大部分的父母最大的問題，就是對孩子們的期待值過高、眼中只看到孩子有缺失的那一面，而且加諸了許多過高的期望在孩子身上，總是希望孩子「再多做一點吧！」

小學的孩子大部分會順從父母、不敢違抗父母的話，就算他有不同的看法也不敢說。但是當孩子成長到青春期後，長期累積的壓力就會一一爆發，開始反抗父母所下的各種指令。

許多人認為領袖就是要保有權威感，但其實越來越多的公司開始以「好玩的管理（fun management）」為管理方式。美國航空公司西南航空（Southwest Airlines）被《財富》雜誌連續三年選為「在美國最想從事的百大企業」，並於二〇一一年「備受世界尊崇的五十名企業」裡，評選為第四名。

假如你是乘客，搭乘這間航空公司的飛機，你會聽到以下的機內廣播：

「感謝今天搭乘我們的航空，我愛各位旅客，而且我也愛各位旅客的錢。」

「要抽菸的旅客請至室外坐飛機翼抽即可，適合吸菸中觀看的電影是《隨風而逝》。」

用諸如此類幽默風趣的廣播讓旅客們會心一笑，而且也讓職員們在這種愉快的氛圍下工作。

如果媽媽們也試著在家庭中，用這種「有趣的管理」怎麼樣呢？其實大人總是被無謂的擔心所困擾，但其實你所擔心的事，其中有四十%是絕對不會發生，已經發生的事佔三十%，剩下二十二%是少數事件，而四%則是擔心關於我們無法改變的事，最後的四%則是擔心我們可以改變的事。

當無謂的擔心總是襲來時，就想想美國著名作家馬克・吐溫說過的話：「我一路走來長時間的歲月裡有很多憂心事，但那大多是絕對不會發生的事情。」

用幽默感來育兒，對孩子有正面的幫助

平均來說，小朋友一天可以笑三百次，大人約十五次，也許全職在家帶孩子的家庭主婦，每天一次都笑不出來也很有可能。

對我而言，培養幽默感是一件很困難的事，但是育兒中若能使用幽默感一定會有所幫助。平時看看笑話大全的書，或是跟家人們一起觀看電視的喜劇節目也很好，甚至周末時也可以和家人看綜藝節目，一起大笑完後氣氛就會變得更好。

假如沒有好笑的事，就算是做出好笑的事，也能讓家裡的氛圍變好，這樣也會給孩子有積極性的影響。我曾看過盧士燕（註：

Point!

讓孩子成長為具有幽默感、了不起的領袖

教練媽媽比起使用權威或指示的口令來命令孩子，反而訴求以溝通和同理的對話來引導孩子，唯有透過溝通、富有同理心的對話，孩子才會清楚知道自己該做什麼。除此之外，媽媽也可以培養一些幽默感，因為可以拉近父母與孩子間的距離，而且在充斥笑聲家庭裡成長的話，孩子未來也能成長為一個充滿幽默感、了不起的領袖。

韓國女歌手）提到媽媽的教養方式，盧士燕、盧士鳳這對姊妹小時候吃晚餐之前，都要說一則好笑的事才可以吃晚餐。所以姊妹倆去到學校，都會要朋友們說有趣的事情給她們聽，到處認真準備了很多有趣的故事後，在晚餐之前說完大笑一番，再愉快地享用晚餐。

我真心認為這位媽媽很有智慧，因為她很自然地培養了孩子的表達力、思考力、記憶力，每天更製造了開心的用餐時間。擁有年輕子女的家庭，你們也可以試試看，會有很不錯的效果唷！

具備整理和收納的能力

整理和收納能力，對孩子的人生有重大影響

我們先養成好習慣，然後好習慣成就我們。

——約翰・德萊頓（英國詩人）

通常大人們一年會花上一百五十個小時在找東西，那麼換算一個月約十二個小時、一天約二十四分鐘，是在找東西的時間中度過。這時間是多麼地可惜啊！不如把那時間拿來花在想做的事情不是很好嗎？平常擅長整理、收納的人，就能比別人多出更多的時間來運用。如此重要的整理、收納技巧，若不是從小開始就養成習慣的話，長大後會更加難實行。

整理與收納，會對學習能力有影響

整理與收納的技巧，對孩子的學習能力更有大幅度的影響。舉個我曾看過的例子來說明：將學生分為一般生、資優生，先讓兩類型的學生都看了混和圖畫和文字的一百張單字卡後，請他們在限定的時間內背下來，結果一般生只背了二十三．九個單字，資優生則背了四十六．三個單字，是一般生的兩倍之多！原來這都取決於資優生背單字的方式，它們懂得將單字卡做整理的動作，運用這個技巧來背單字。

那麼該如何從小就培養孩子的整理與收納能力呢？**從小可以訓練孩子在整理書桌時，就將文具類、美術用品、科學用品都分類好，並分裝到籃子或是箱子裡**。從小時候就開始訓練的話，大約到他們小學高年級左右，就能培育出自己整理收納的習慣。整理收納習慣，是孩子從小開始在媽媽幫助下，漸漸輔助到自己能做的習慣，這是花畢生的金錢也無法買到的良好習慣。

我曾經教過一位國中生，他常常都找不到之前背的單字書和作業本，所以該背的作業有好幾次都沒辦法完成。他每次都說，這些東西之前都還在的，但打算要背的時候卻總是找不到。他的書桌上總是堆滿了書，從學校拿到的講義、補習班教材，還有學校實作評量的資料……等等，東西都堆得滿滿的。

最近有許多大人，因為家裡亂糟糟，而花錢找清潔整理顧問到家中來整理，這些人不在少數。不過那樣所做的整理又能維持多久呢？受到別人的幫助，在一段時間內能維持整潔的狀態，但要是自己不動手維持、做好收納的話，沒多久後家裡還是亂成一團。

整理與收納，可以培養思考力、集中力

整理的時候可以掌握「抉擇→分類→歸納」這個模式來進行，一定要以經常使用的物品為中心來整理。雖然父母養育孩子的情況下，特別有兄弟姊妹時，無法輕易地丟棄某些東西是事實，不過持有不經常使用的東西也是事實，我認為比起髒亂、擁擠的環境，在乾淨的空間裡，更能做到建設性、進取性、創意性的思考。

許多社區會有圖書館，我覺得可以多利用圖書館外借書籍閱讀，而不需要

購買一大堆書籍存放在家裡。我自己所購買的書籍，也會每過一陣子就捐到社區的圖書館裡，讀了一遍後與其擺放在自己家，不如讓圖書館保管，其他人也能一起閱讀。除此之外，有些學校也會舉辦跳蚤市場，可以把家中用不到的東西盡可能都拿去跳蚤市場，讓孩子親自來做販售的話，還能夠學到市場買賣的概念。

從現在就開始動手整理我們的人生、我們所居住的環境吧！整理時可以運用帕雷托法則（Pareto principle），他認為我們擁有的許多東西中，經常使用的東西佔二十％，剩下的八十％是偶爾使用的物品，**與其持有很多的物品，不如整理後把使用頻率不高的都丟掉（或捐給需要的人），只留下最需要**

Point!

媽媽以身作則，培養孩子整理習慣

試著努力讓孩子養成一天10分鐘整理的習慣，就算是幼稚園學生也要訓練，請在睡前10分鐘整理自己的書桌、整理明天的書包、要帶的東西、整理自己的房間、準備明天要穿的衣服後，都準備好再上床睡覺。這樣隔天一大早上學就能縮短準備時間，從孩子小時候就開始訓練的話，就能自然而然培育出整理收納的好習慣。

的東西來過生活即可。

整理收納做得好的話，對訓練集中力也有很好的幫助，因為在我們思考時會更有條理，便能集中想出問題的解決方式、新的點子，乾淨整潔的空間裡，能讓我們更專注在真正重要的東西上。

我們總是帶著太多的東西在過日子，不管是人生，還是居住的環境。你想要在髒亂且複雜的環境下度過呢？還是在乾淨且整齊的狀態下，快樂地過日子呢？結果請由你自己來決定。

成為未來型人才卓越成長

因應未來的創新社會，教養觀念也要翻新

你是否有發現：巴士車掌小姐、接線生、打字員……現在看不到這種職業了，連電影票在家中也可用手機預約，出示手機畫面就可入場。巴士門可自動開關，智慧型手機連上網就能查詢所有資料、用信用卡就可支付交通費……我們正生活在數位化蓬勃發展的世代中。

瞭解孩子，找出他立足未來世界的能力

韓國青少年工讀的入門網站「打工怪獸」曾做過統計，大學生們最喜愛的工讀企業是咖啡廳、一般餐廳。可是目前在美國的紅燈街，是用機器人幫你點

咖啡，而且在三十秒內就能做出來，味道和一般服務生泡的差不多，還能挑照片做出你想要的拉花圖案，售價只要一．四美元（約四十二元台幣左右）。

除此之外，英國也有料理機器人，做出的料理味道幾乎和廚師一樣，而不只食物，洗碗、清洗瓦斯爐，這些機器人全都做得到。位於日本的豪斯登堡奇特飯店內，接待櫃檯也是交給機器人負責，客房服務和清掃也都是機器人在工作，一晚的住宿費只要八萬韓圜（約二千四百元台幣左右），這個機器人可以工作二十四小時，而且不會抱怨與不滿。

日本的某間握壽司專門店，機器人可以在一分鐘內捏出三千五百個壽司醋飯，人只要把生魚片蓋在上面就好了，這也讓很多廚師都丟了工作。甚至在美國，有五個地方綜合醫院也採用機器人當藥師，當醫生開了處方，機器人就會把藥裝入藥袋中，到目前為止還沒有發生過任何一次失誤。

我們的未來，正比我們所想的還要急遽的變化，孩子們未來工作的環境也和現在會有許多的差異。有學者預測未來的二十年內，約有六十%的職業會消失，或是由機器人、電腦系統給取代。因此若仍用我們過去所經歷過的想法和方式教育孩子是行不通的，如何培育出孩子能站穩未來世界的腳步？這必須取決於父母對孩子的教養方式。

未來我們的孩子不會一個人只做一件事，而是會活在一個人擁有好幾種專長的世界上，不要只執著在一種職業，要不斷地觀察我們的孩子有怎樣的才能，並思考藉由那個才能可以做什麼。一旦發現孩子感興趣的東西、擅長的事，就要從小事開始讓他感受到成就感，如此才能成為做下一件事的動力。

根據韓國審計協會發表的《二〇二五未來職業會怎樣變動？》的報告，現在多職業的世代正在來臨，過去一個人只會有一種職業，但在往後一個人必須要擁有多種職業（專長），才能生存下去。據說澳洲十～十五年後，一人平均會有二十九～四十個職業、而美國政府則認為十年後，現在有的職業八十％都會消失，或是轉變為和現在不同的形態。歐洲則預測未來上班族會減少、自己創業的人會增加，一人企業將會達到九十％。

走向未來，必須具備越挫越勇的能力

我認為面臨未來的時代，雖然具備勇氣來不斷挑戰新事物很重要，但若是失敗了就萎靡不振也是不行的，我們一定要讓孩子就算失敗了，也要有越挫越勇的能力。

國外有個「無助理論」的實驗，研究者們將二十四條狗分成三組，放進箱子裡進行實驗。第一組、第二組施以電擊，第一組按下遙控器的話能夠停止電擊，第二組即便按下遙控器也無法使電擊停止，第三組裡面不施以電擊。

二十四小時之後，這三組全部移到其他的箱子施以電擊，第一組和第三組越過中間的牆就能避開電擊，第二組卻連越牆的想法都沒有，蜷曲在角落承受著電擊。這就是說，第二組透過第一個實驗後，發現不管自身再怎麼努力也無法克服危機，這就稱為「無助理論」。

孩子們在小事裡失敗一、兩次的話，就會有「反正我做了也不行」的想法，所以孩子們在嘗試的事情若無法照期望實現的時候，媽媽要先了解孩子的內心，並不斷地鼓勵他才行。「這次好可惜，為什麼會這樣呢？」「為了下次更好的結果，該怎麼準備才好呢？」一同分享對話，必須不斷提醒孩子沒有絕對的失敗，找到機會就要再度嘗試。

孩子努力後得到想要結果的時候，媽媽要給他具體性的稱讚，這樣就能激發下次挑戰更難、更辛苦的目標，因此媽媽一定要不斷地鼓勵他。孩子們累積小小的成就感，就會對自身產生信任，而且會得到下次能夠再度挑戰的能量。

Point!

媽媽的鼓勵，會讓孩子充滿力量

韓國有個料理節目《拜託冰箱》，主持人會用冰箱裡既有的材料，在短時間做出美味的料理，做出來的料理都會讓所有人讚嘆。我覺得父母對待孩子，就像觀察冰箱一樣，觀察裡面的材料有什麼，該怎麼結合才能做出美味的食物（觀察孩子的內在到底充滿什麼樣的才能？讓他能結合專長培養立足於社會的能力。）最重要的是相信他、鼓勵他，孩子最終會用自身所擁有的眾多力量，挑戰未來將面對的各種問題。

PART 4

教練媽媽如何培養出自主學習的孩子？

不依賴補習班而專注自我學習

激發自己想學習的意志，學習才會有效果

現今去補習班的學生，理由大部分都是因為媽媽叫我去、其他的孩子大部分都有去等等……以這種茫然的理由去補習的孩子有很多。他們人雖然到補習班學習，但狀態是怠惰的、被動的，以這種態度來補習，並不會使成績進步。

甚至有些是聽說某間補習班很好，媽媽就把孩子送到特定的補習班，這樣的狀況也不少。其實補習班的好壞應該取決於教該科目的老師，那老師適不適合自己的孩子？才是決定補習班優劣的原因。不過還有另一個我覺得更重要的東西，就是我們的孩子有沒有想要學習的意志？這才是最重要的。

我從事教孩子英文的工作超過十年，大部分的孩子是因為本身對英文有興趣，想學得更好才來，經過我的教學後他們成績進步，因此對學習更有成就

感。但有部分孩子卻是對英文沒興趣，媽媽執意把孩子送到補習班，茫然地認為這樣孩子成績會變得更好，把眾多的金錢和時間都花在上面，但其實結果不一定會讓父母滿意。

孩子懂得自主學習，才能讓成績進步

大部分的媽媽認為，功課好的孩子去的補習班，就是好的補習班；功課不好的孩子去的補習班，就是不好的補習班。但是能不能考出好成績，其實是取決於孩子自身的主動性，如果都不主動複習功課、做習題的話，要考出好成績還是很困難的。所以成績不好的孩子不管去到哪裡，在對學習沒興趣的前提之下，課業要出現優異的成績是很難的。

當然假如有激勵孩子、賦予他為什麼一定要學習的動機、對孩子賦予真誠與關心，思考孩子擅長什麼事物的老師，那補習班對孩子而言就會有明顯的幫助。但是補習班的老師大部分進度都很趕，沒有充足的時間討論課堂以外的事情。

在我們父母的那個年代，沒有多餘的金錢投資在子女的教育上面，但是現今的父母卻會砸大錢投資在孩子的教育上面。最近二十年間，韓國江南區大峙洞附近的補習班，如雨後春筍般增加，父母們每年投資在那邊的高額費用超乎我們的想像，但是那樣的投資真的會有高報酬率嗎？答案是否定的。

有越來越多的大學教授，認為「以補習班的幫助考上大學的學生，很多都沒有自主學習的能力」。懂得自主學習的學生，才能讓成績上升，不懂得自主學習的學生，到考試前則徬徨失措，若以這樣的狀態進到社會的話，那不懂得自主學習的學生，出社會後解決問題的能力就非常差。

想要提升孩子的成績，與其先打聽好的補習班、好的老師，不如想想該怎樣增加孩子自己學習的時間、思考能否培養孩子自主學習的能力，這些才是最重要的。**教練媽媽要不斷地鼓勵孩子、給予他自信，這樣孩子會漸漸找到目標，也能找出實踐目標的方法。**

找出孩子的專長，因為實力比學歷更重要

韓國的奧林匹克競賽中，高中組的學生成績最好，高中生們為了在奧林匹克裡獲獎，借助補習班的情形相當的多。但是到了大學，比的是每個人自我學習能力的強弱，因此以往習慣依賴補習班的學生們，大學的成績往往不盡人意。

我認為與其到補習班學習教科知識，投資時間在孩子看起來更感興趣的領域上、打造和那領域相關的各式各樣環境，對孩子來說才是最重要的事。

現今職業的種類與過去二十年前相比更多采多姿，過去依照性別很確實區分的職業領

Point!

培養孩子專長，比考試成績更重要

比起一定要進入某大學就讀，孩子這輩子想要過得是怎樣的人生？這才是最重要的事。真正對孩子重要的，不是眼前所看到的考試分數，而是必須累積他的實力。因此教練媽媽必須引導孩子，讓孩子有自主力，才會自己思考為什麼要學習、思考未來的方向，才能建立人生目標。

域，現今連那種界線也幾乎都消失了。越來越多男護士、男美容師、男理髮師出現，以前在我們那個年代，男生下廚的比例非常少，因此料理節目裡出現的廚師，大部分都是女性。但是最近你是否發現，很夯的料理節目都是由男生掌廚呢？

以後職業的種類會變得更加多樣化，與其去補習班為了多那一點點的成績，不斷努力地尋找孩子的才能是什麼，這才是重要的。觀察看看孩子喜歡動態的還是靜態的？孩子做什麼事會很認真又充滿熱情？**教練媽媽必須用心地關注孩子，就能找出孩子的專長，持續往那專長領域培育，才能培養出孩子立足於社會上的能力。**

用卡通和童話書讓孩子愛上英文

打造使用英文的環境，激發孩子學習英文

越來越多父母發現英文的重要性，英文好的孩子進入職場後，升遷就會有更多的機會，而我自己學英文的理由，是希望大學畢業後能夠去外國公司工作，因為外國公司的福利和待遇都很優渥。畢業後我照著自己的目標往前邁進，而因為我總是和外國人一起工作使用英文，所以懷孕生子後也希望能讓孩子的英文變好，因此對嬰幼兒的英文教育特別關心。

用英文卡通、英文童話書，激發孩子興趣

很多父母會送孩子去雙語幼兒園，但其實孩子的語言能力大約在五～七歲

才開始發達，而母語是比外語更加重要的，所以母語一定要先學好。若是母語還沒學好的情況下，就讓他接收到外語的刺激，他在聽寫、字彙不足的情況下，學習就會備感壓力，這樣學語言的效果就不好。

想要把英文學好，不用送孩子去雙語幼兒園，讓孩子閱讀大量英文童書、多看英文卡通的話，也能對他未來的英文能力有所幫助，當然這也必須藉由媽媽的協助。我在孩子還小的時候，會反覆地唱英文童謠給孩子聽，晚上則會挑英文童話書念給他聽，當孩子三~四歲的時候，我們會一起讀英文童話書，也會看英文卡通，當然看卡通的時間要有所拿捏，時間不宜太長。

孩子小的時候，我會播《獅子王》、《玩具總動員》、《花木蘭》等經典英文卡通給他們看，當過了一段時間之後，孩子喜歡的電影會更多，也會想看更多的英文電影，當孩子能理解裡面說的內容後，讓他們不斷反覆聽裡面的英文對話，久而久之他們的英文聽力就會變好。

用遊戲的方式，鼓勵孩子接觸英文

小時候主要是由媽媽念英文童話書給孩子，並讓孩子看英文卡通，但等孩子逐漸長大後，就是他自己要讀、要念的階段了。當然因為一開始自己讀不容易，媽媽一定要在一旁不斷地稱讚和鼓勵，而且用遊戲的方式帶領他，孩子就會漸漸愛上英文。

我曾經和孩子玩一個「讀千本英文書的遊戲」，我們會在筆記本上寫下編號，將孩子讀過的英文書做成清單。每讀到一百本，就會送一個孩子想要的禮物給他，透過這樣遊戲的方

Point!

學習英文的「一萬小時定律」

學習英文不一定要到全美語幼兒園、補習班，而是父母要打造出讓孩子使用英文的環境。這裡可以試試「一萬小時的定律」，提出此理論的人是葛拉威爾（Malcolm Gladwell），他認為成功的前提必須要有一萬個小時不斷練習。從孩子小時候到國中三年級的階段，父母可以每天花二小時給孩子學習英文，例如教孩子念英文童話書、看英文卡通都可以，這樣就會超過一萬個小時，只要花上這些時間，就能培養出孩子的英文能力。

式，來鼓勵孩子接觸英文是很重要的。

喜愛英文的孩子長大後，也會自己找感興趣的英文書、影片來看，我的孩子喜歡看的節目是Wild Life和汽車有關的紀錄片、電影，也很喜歡看《哈利波特》系列DVD，總是反覆地觀看，幾乎每句英文台詞都背的出來。

上了國中後，我的孩子閱讀完翻譯本的《科學東亞》後，還會用英文翻譯裡面他感興趣的部分。甚至去當志工的時候，為了幫助不會英文的韓國孩子們，他會將英文的數學、科學影片放上韓文的字幕，這也讓我感到與有榮焉。

先從英文童話書來學習英文

準備一本英文翻譯童書、一本原文童書來學習

孩子初學英文的時候，建議挑以圖片為主、文字為輔的童話書來輔助，大大的圖片、文字只有一～兩行的那種，翻譯本、原文書都各準備一本來練習。學習的時候，可以先看過翻譯本，再看英文的童話書，或是反過來先看英文童話書，之後再看翻譯本也行。若是先看過翻譯本的話，孩子已經都先理解其內容，光看圖也會對故事內容有所理解。如果媽媽本身英文能力不是很好的話，建議可以搭配有CD的英文童話書，一邊用手指著來教孩子也可以。

當孩子漸漸熟悉英文童話書後，可以朝字多一點，例如一頁有五～六行字的童話書下手，挑選時要以孩子喜歡的主題來閱讀，這樣學習成效更好。當簡單的童話書讀了五本左右後，可以加上一本較難的書，這樣利用不同階段的組

合方式，可以漸漸提升孩子的英文閱讀能力。

根據孩子個性的不同，有些孩子喜歡反覆閱讀，但有些孩子卻一直想閱讀新的書籍，不論是哪種個性的孩子，只要找到適合孩子的學習方式就是最棒的。孩子進入小學後，也能透過孩子喜歡的書籍，猜測出孩子的個性。例如特別愛推理或探險故事？還是喜歡看日常生活取材的童話故事？或是對科學歷史感興趣呢？從孩子喜歡閱讀的書籍，就能判斷出孩子的喜好。

依孩子的興趣選擇故事書，學習才有效果

孩子幼稚園或是小學開始，就可以嘗試給他讀英文童話套書，這樣會讓孩子覺得更加有趣，因為這些系列的英文童話書，大部分會以一位主角為中心，接著展開其他情況，邊閱讀的同時會很好奇下一本的內容。

孩子小學低年級時，可以給他們看芭芭拉（Barbara Park）的《校園生活Junie B Jones》這本系列童話套書。Junie B是一位小女生，也是主角，這本故事書目前出到二十七本，聽一本需要花一個小時，故事是以主角第一次去幼稚

園所經歷的事開始，進入小學就讀發生的事來組成故事，因為故事主題和此階段年齡的孩子相似，所以幼稚園或小學低年級的孩子讀起來就會特別有趣，若小學高年級的孩子讀的話，則無法感受到趣味。

挑選故事書的時候，一定要以孩子的興趣、適合閱讀的年齡來挑選，否則孩子若感到挫折就很容易放棄。所以年齡越小的孩子，要以圖像為主、文字為輔的故事書來搭配，當孩子的年齡較大，則要挑選符合其水平的故事書來閱讀，才不會讓孩子感到無趣。

用童話書學英文，兼顧聽說讀寫及文法

閱讀英文童話書的時候，比起光只買書本，加購CD來邊聽邊閱讀會更好。一本最好閱讀三次以上，一開始先聽聲音、用眼睛跟著看，第二次則發出聲音大聲跟著唸，不知道的單字用鉛筆標示出來。讓孩子閱讀過二次後，請他圈出不知道的單字，第三次閱讀的時候再次發出聲音跟著CD朗誦。

孩子讀一頁約有五～六個單字不知道的話還可以接受，但假如不知道的單

字太多的話，這樣讓孩子體會到書本的樂趣就不太容易，所以挑選的書籍也要能符合孩子的英文程度，這樣閱讀起來才會有意思、學習效果才會高。讓孩子邊聽CD邊閱讀英文童話書，不僅聽力會提升，就連發音也會很標準。

當孩子年齡大一點，反覆閱讀童話書時，可以讓他們在每次讀完一本《Junie B Jones》的時候，用英文簡單地寫下故事大綱。一開始孩子們或許會抄寫書本上的內容，就算那樣也無妨，只要持續不斷練習，就能對孩子英文寫作有幫助。

除此之外，英文童話書也是練習英文對話的好工具，請孩子先閱讀書裡的內容並大聲唸出，再蓋上故事書，讓他唸出故事內

Point!

訂下每天規律閱讀的時間

孩子小學低年級的時候，要盡可能讓他閱讀大量的書籍，可以準備一本翻譯童書、一本原文童書搭配看，但假如跟孩子說「有時間時都要看」的話，他是不會好好實行的。父母請在每天固定的時間，規律讓孩子養成閱讀習慣，才能持續閱讀。若從小就每天花1～2小時閱讀英文童話書的話，那到國小六年級就能奠定出英文聽說讀寫的實力。

容。這樣事先透過閱讀看過故事內容，接著要唸出內容就會比較容易，如此便能提升英文寫作和口說能力。

英文童話書也能學習基本文法，在聽、說、讀、寫都練習了之後，讓孩子親自對其內容創造問題然後寫下答案。那樣的話基本文法就能自然地學到了，我覺得沒有必要從小開始用文法書來學習，以童話書出現過的內容，自己寫下問題和回答的話，疑問句和敘述句、否定句和肯定句、第三人稱單數、過去式、未來式等，就能夠自然地熟悉國中一年級所使用的基本文法。

數學是培養孩子思考力的好方式

經過思考理解的知識，才能充分消化吸收

數學是很重視概念的科目，概念不明確的話，只要出現有點深入的問題，就會沒有任何頭緒，不知道該怎麼解題，基本原理若是不明確的話，即便到了高年級還是無法將其學好。但若是掌握了基本原理和概念，就能正確地理解題目，往後不管出現哪類型的題目，只要懂了那個概念，所有問題幾乎都能迎刃而解。

想要讓孩子喜歡上數學，就要透過遊戲的方式讓孩子接觸，例如基本數字和演算都從日常生活中用玩遊戲的方式讓他熟悉，這樣才有幫助。如果一開始就丟數學練習本讓孩子練習，這並不是件好事，只會讓孩子覺得「數學不是有趣的科目」，反而有可能讓孩子喪失了對數學的興致。

解題的時候要自己動腦，培養思考能力

猶太人在學校是不背九九乘法表的，舉例來說，求邊長分別為三公分、四公分的四方形面積，會叫學生們去找各式各樣求答案的方法。在紙上個別畫出每一公分三格、每一公分四格且算出全體十二格，排出棋子橫三顆、直四顆共十二顆的排列，各自用不同的方法來求答案，並發表自己求解的方法。比起老師率先說明，各自用多元化的方法嘗試解答，分組討論的同時，相互用不同的方法來學習求四方型面積的方式。

瑞典則是與其像「□+1=7」這樣只有一個答案的問題，更偏好出類似「□+□=7」答案會出現（1、6）、（2、5）、（3、4）等各種答案的問題。強調把焦點放在培養孩子多元化思考方式，**比起立刻告訴孩子答案，做更多孩子自己能思考的開放式問題，才能培養孩子多樣化思考的能力**。

閱讀大量的數學童話對孩子也有幫助，透過故事接觸到數學的概念再聽講解的話，會更好理解。當上了高年級解數學題目，碰到不懂的問題，不要馬上看答案，試著長時間思考相同的問題會比較好，要是當天還沒想到解答的方

法，過個二～三天也沒關係。一開始這方法有點難，但一點一滴地嘗試漸漸會變成訓練，這樣一邊思考、一邊解數學題目才能激發孩子的思考力，而參加數學競賽得獎的孩子們，大多數也都是富有思考力的孩子。

若是直接去補習班補習，孩子獨自思考解題的機會就沒有了，而是被老師給的答案牽著走，這樣反而扼殺了孩子的思考力。建議從孩子小時候就讓他們自己解題，並給予思考的時間，一邊給提示讓他們重新熟悉概念，自己找出問題的答案才能激發他的學習興趣。

必須反覆做練習題，自己想出答案

孩子小學的時候，邊思考邊解題的訓練是很重要的，但是到了國中、高中則要多練習解答數學題目。父母可以選出一、兩種練習本給孩子練習，錯的題目最少要反覆地解題三次以上，就算去補習班聽了三次一樣的解題過程，但那並非孩子們親自解題，只是老師解題並說明了三次而已。必須自己思考過、理解過後親手解題，答案才會變成自己的。

數學是很重視思考力的科目，必須依據個人理解那條公式的概念，才能輕鬆地解出題目的答案，若只是死背答案或不清楚公式概念，無法真正理解題目內容就沒辦法作答。而在學校考試開始前，建議要設定好和學校考試一樣的時間來練習解答題目，因為偶爾也有不能好好地分配時間，寫不完題目的情況發生。

數學重要的是熟悉概念，除了自己邊解題，邊理解、思考以外別無他法。因為如此，從小時候就以數學來培養思考的力量是非常重要的。

Point!

用數學培養孩子的思考力

數學是培養思考力的好方式，因為必須經過自己理解數學公式，消化吸收後才能解出正確的答案。每次解答都必須動腦思考，理解題目才能回答出正確的答案。從小就可以訓練孩子以數學來培養思考力，但在練習數學時先以生活化的數學遊戲來引導，才不會讓孩子覺得數學乏味而打退堂鼓。

多樣化的經驗累積學習的力量

累積經驗，才有嘗試新事物的勇氣

媽媽能給孩子最多影響力的時期，是從孩子出生到小學六年級這階段，因為孩子到了國中後，朋友才是他們的生活重心。因此至少到小學六年級為止，父母一定要盡全力幫助孩子正確成長，培養他們自主學習的能力、良好的生活習慣，這樣孩子上了國中後，家庭和學校都能有良好的發展。

若總是在相同場所過著同樣的生活，因為已經很熟悉現在的事物，若要嘗試新事物的話，那就會很猶豫不決，並充滿著恐懼感。所以孩子年紀還小的時候，父母可以帶他們去體驗多采多姿的經驗，這些都會成為孩子挑戰新事物的力量。

孩子在國中、高中階段，可能漸漸就有自我意識而不喜歡父母陪伴了，所以我會建議在孩子小學六年級前，每個周末一定要帶他外出，可以到動物園、植物園、博物館、科學館、美術館、展覽會、音樂會、電影院、歷史遺跡地、公園、棒球場、籃球場……等各式各樣的地方，盡量陪著孩子一起做許多活動。

帶著孩子嘗試各式各樣的事物時，觀察孩子喜歡怎樣的東西、擅長做什麼事情，而且要不斷地對孩子提問，這樣孩子也會對自身更加了解。**唯有透過多樣化的遊戲和體驗活動，孩子們才會有所成長、發現自身的才能，並且開始尋找自己的才能。**

孩子低年級時，主要由父母安排出遊計劃，但孩子到了高年級之後，讓孩子自己決定想去的地方也是不錯的方法。讓孩子自己擬定出遊的計劃、父母從旁協助，透過這樣的經驗也會讓他更有規劃能力，甚至事先告訴他預算，請他在預算內安排行程，孩子能學到的經驗又更多。

透過閱讀，培養孩子的創意力與想像力

每個父母都希望孩子喜歡閱讀，那麼該如何養成他們的閱讀習慣呢？孩子小學前，建議先從孩子感興趣領域的書籍開始，培養他對書籍的興趣。

創意力和想像力是根據自身看了多少、聽了多少、讀了多少逐漸壯大的。沒看過什麼、沒做過什麼、沒知道多少，單純地在自己腦中創造出新東西，並不是件容易的事。

孩子讀書的時候，是對歷史書感興趣呢？還是對數學、科學領域的書更感興趣呢？還是想要讀更多的小說？試著觀察看看吧！把握孩子感興趣的事物和取向很重要，父母從孩子小時候，就要觀察孩子的長處是什麼，才能協助他們往自己有興趣的方向發展。

我總是對人的生活故事很感興趣，所以在閱讀書的時候比起小說，我更喜愛散文，就連比起電視節目、娛樂或是連續劇，我更喜歡紀錄片或是真實故事。閱讀多樣化的書籍，能將我更感興趣的部分具體化，透過他人的經歷來取得靈感。

大腦裡不輸入任何資訊、數據的話，也許大腦總是會對過往的事聚焦，然而不斷地灌輸新情報進去的話，大腦會反應、會想像，也就能想像未來，激發出創新的想法。

製造機會，讓孩子認識各式各樣的人

孩子進入國中就讀以後，想要成績漸漸提升的話，背景知識就一定要多才行。藉由直接或是間接的經驗，自身已經知道的事物，若加上老師在課堂上說明的話，學習就會變得更加集中且有趣。媽媽、爸爸藉由各式各樣的活動，或是讓孩子認識不同的人，讓他累積許多經驗的話，父母和孩子的共鳴會變廣泛，對話的素材也會變得豐富，那麼父母和子女間的關係也會變好。

和親戚們或是父母的朋友家人一起用餐的同時，試著聊多樣性的話題吧！孩子小的時候，雖然沒什麼影響，但孩子到了大一點的話，或許會說出許多有意義的對話。

周遭的大哥哥、大姐姐們出社會闡述所經歷的事時，比起媽媽或爸爸所說的聽起來更加地有趣。媽媽、爸爸不管怎麼說著「學生就是要認真念書才對」，對孩子來說就只是沒什麼意義的回音。但是周遭的社會新鮮人大哥哥、大姐姐們，經由實際生活感受到大學的重要性，說出「出了社會，大學很重要」這樣的話，會讓孩子更真切地認同。

馬斯洛人類需求層次理論，提出人的需求滿足是階梯式的，每個階段必須滿足後才能再追求下一個階段。人類需求的第一階段是生理的需求、第二階段是安全的需求、第三階段是社會上的需求（友愛和歸屬的需求）、第四階段是尊重的需求、第五階段是自我實現的需求。

想要孩子能自我學習，這就屬於第五階段—自我實現的需求。所以從第一階段生理需

Point!

帶孩子認識多采多姿的人事物

製造孩子們遇見各式各樣人的機會是好事，讓他們和想法不同的人、環境不同的人碰面或是聊天，一定要見面、聽內容、提問題以及感受，這樣會帶給孩子非常正面的影響。志工活動或是旅遊，有這種機會的話要盡可能去參與，也許能成為擴展孩子思考的範圍、能更加認識到許多事物的契機。

求到第四階段尊重的需求，全部都要滿足後才會產生想要學習的需求，因此**父母善於理解孩子的內心，並尊重同理他們的內心，才能激發孩子自主學習的能力，也能讓他們成長為擁有端正人格的大人。**

PART 5

對孩子來說媽媽就是學習的目標

不要用年紀當逃避學習的藉口

現今平均壽命為一百歲，活到老就要學到老

一九四五年韓國的平均壽命是四十七歲，到一九七〇年是六十歲、一九八〇年是六十六歲、一九九〇年是七十歲、二〇〇〇年是七十五歲、二〇一〇年是八十歲，倘若按照這樣的趨勢到二〇五〇年則會超過一百歲，所以我們很常聽到活在一百歲的時代這種說法。

長壽時代來臨，不要讓自己空虛度過

試想一下你正在三十五~四十層樓的位置，我們的終點或許是第一百層樓，目前爬到的樓層連終點的一半都還不到。從一~十三層樓我們是受到父母

的保護之下，平安地生活過來，到了第二十層樓開始，我們思考著自己的人生價值，還必須不斷學習往上爬。從二十一層到三十層算是人生的一大轉折，我們會經歷念大學、職場生活、結婚生子，最忙碌又多變化的時期。

女人在生完孩子後會有很大的轉變，我在生孩子之前任職於外國公司工作，生完孩子後就決定轉職成英文老師，彈性工作能兼顧孩子與工作，雖然工作很重要，但是育兒也是我人生中相當重要的部分。大部分女人五十歲時，孩子就二十歲了，子女們或許會因求學而離開父母的身邊，此時媽媽們就會處在不知道要往哪裡去的情況，有種在廣闊無際的田野上，獨自被留下的孤單心情。

雖然還有老公陪伴，但此時大部分是老公奮鬥事業的時期，所以身兼老婆及媽媽的女性們，為了家庭完全放下自己，過去二十～二十五年這樣子生活過來，突然只剩下我而周邊的許多東西都已消失不見，往往會有不知道該要做什麼、該要去哪裡的情況，雖然也有感受到成就，但是同時也好像感受到更多的空虛。

女人的一生可分成四個階段，分別為二十五歲、五十歲、七十五歲、一百歲。我二十五歲前都是在父母的保護下生活，現今則到第二個階段，除了一邊照顧子女及家庭外，也要想著充實自己的人生，好好度過第三、四個階段。

十年後的自己，想以怎樣的面貌生活

已故韓國總統金大中，在七十八歲獲頒諾貝爾和平獎，而美國的雷・克里斯則於七十歲擔任賓夕法尼亞大學人文學系教授，一直到一〇四歲才完全退休，他宣布退休的同時仍說退休後要繼續研究和撰寫論文。

也許明天就會離開這個世界，假如今天能做自己擅長且喜歡的事，那不就是幸福嗎？試著思考一下我喜歡什麼、怎麼樣度過時間會覺得是有意義的，這樣就能讓剩下的人生充足且豐富，開心地過生活。

十年後自己的樣子，你會期待怎樣的面貌呢？是和現在大同小異，只有身體越來越虛弱的樣子呢？還是依然做著自己有興趣的事，開心過生活呢？

有位老爺爺在六十五歲退休了，退休前他總是很勤奮的工作，但退休後的想法是「以我六十五歲的年紀，要開始做什麼都已經太晚了吧？」當他九十五歲誕辰日的那天則說：「退休後一開始的幾個月很舒服、很愉快，但是漸漸卻找不到人生的意義，好像在等待死亡的那天到來，現在想想這三十年的歲月，好像無意義地流逝了一樣。」他後悔極了，還說要從九十五歲的這一天，開始學習語言。

試想一下，在我們人生步入中年後，往後還有約三十～四十年的人生該怎麼過？**你必須好好思考一番、提前做好準備，讓自己的人生能幸福且有意義的度過。**

Point!

活到老學到老，做孩子的好榜樣

不管怎麼對孩子嘮叨著說「快去學習」，孩子的耳朵是聽不進去的。假如父母展現出對學習充滿熱情的樣子，那孩子們無意識中「我們的父母總是在學習啊！」會這樣想，某個瞬間自己也會開始主動學習。父母是孩子最好的榜樣，因此醫生世家會誕生出很多醫生、法官世家裡會培育出很多法官，就是這個緣故。

有夢想的媽媽才能培育有夢想的孩子

父母和孩子，都必須懷抱夢想前進

媽媽們對子女說：「要有夢想」，試問那些媽媽您的夢想是什麼？要是媽媽沒有夢想，卻叫孩子擁有夢想，孩子將會感受不到它的必要性。孩子看著父母的人生，會不自覺地跟著效法，孩子成長的過程雖然會遇到諸多指導者，但是父母的影響力還是最大的。

向媽媽們詢問夢想是什麼？大部分的媽媽們都會回答：「因為要做家事、照顧孩子，所以沒有時間想這些。」並非是要你立即實現偉大的夢想，**思考一下你想過什麼樣的人生？為了實現它，一天抽出兩個小時，十年後一定會跟沒這樣做的人有明顯差異。**

不管我們享用什麼樣的料理，自己沒先試做看看，就向他人說明這料理是怎麼做的，一定不是件容易的事。同樣地，媽媽不試著去找尋自己喜歡什麼、自己的才能是什麼，就無法好好地替孩子找尋他的才能，因此為了幫助孩子找尋才能，思索自身的夢想也是有必要的。

要是沒有夢想，便無法實現夢想

擁有全世界超過二百五十間飯店的希爾頓飯店創辦人——康拉德希爾頓，最初是因家境貧困到飯店從事服務生工作，他的兒子曾向他提問：「爸，我認識很多為了圓夢陷入苦惱的朋友，但是他們始終沒有成功，有沒有實現夢想的辦法呢？」

針對兒子的提問，康拉德回覆：「我不曾忘記夢想也不想忘記它，假如我失去夢想變成遺失夢想的人，我將無法獲得今日的成就，要想成就大事業，就得懷抱巨大的夢想。」

擁有夢想、毫無夢想的人，兩者間會形成莫大的差異，他說：「夢想藍圖越大，競爭者就會減少，請持有更大的夢想藍圖吧！要是沒有熱情，就會出現倦怠與失敗，請抱持更大的熱情吧！」年輕的康拉德在書桌前，會放置最大、最華麗的飯店照片，每當他有空閒時間，便會看那張照片，並且想著自己的夢想。

一八〇七年德國的大學教授費希特，在柏林大學做的「告訴德國人民」演講是非常有名的，當時拿破崙軍隊占領德國後，在政治、經濟方面處於難以言喻的困境，費希特在演講上做了這樣的主張「在絕望的時代中，比起蓋幾間工廠拯救經濟，更重要的是精神與『夢想』。」**只要有夢想就會產生希望，只要有希望，無論處在哪種逆境都能再次振作起來。**

美國有位被稱作「國民畫家」的摩西奶奶，到了七十六歲仍舊務農且養育十個孩子，是位平凡的家庭主婦，她到了七十七歲的時候因為關節炎而無法下田工作，於是開始畫畫。起初她照著明信片的圖畫去描繪，但不久後開始畫鄉村風景，到了八十歲舉行個人畫展。在她九十歲的那一年，從哈瑞杜魯門總統手上獲得「女性記者俱樂部獎」，在她九十二歲的時候則出版《My life history》這本書，納爾遜洛克斐勒紐約州州長，甚至在她一百歲生日那天訂為「摩西奶奶節」，據說在她過世前，留下了一千六百件以上的作品。

我們的父母在那年代，光是養家活口就忙得不可開交了，根本沒有閒暇時間去煩惱我們的未來，他們忙碌地度過四十～五十歲之後，不知不覺之間已經六十歲了，不知道是不是因為這樣，現今我們的父母隨著年齡增長，似乎變得更加依賴子女，將自己的人生跟子女的人生劃上等號。子女發展順利，父母就會覺得自己很順利；子女不順遂，父母就會覺得自己的人生變得好悽慘。在我們父母那年代，無可奈何地認為子女是人生的全部，但現在的我們，就算上了年紀也要活出自我，這才是最重要的。

學習永遠不嫌晚，現在是終生學習的時代

在學習無止境的現今世代，四十、五十歲的人要是沒有想學的東西，就要認真地檢視自己的後半輩子，因為日後還有三十～四十年要過，說不定未來要過的日子還更長，如果找不到自己想學的東西，是件多麼悲哀的事？如果對任何事物都提不起勁，只會看電視劇、電視購物、線上購物或上網，日復一日、年復一年的話，我們的頭腦就會退化，身體與心靈也只會急遽衰退。

小時候我們總羨慕大人能逃脫念書與考試的壓力，想要享受大人的自由，但是疏不知大人得守護家庭、養育孩子、照顧父母親、承擔家計等……他們身負孩子們無法想像的重責大任，所以大人有時也會羨慕孩子的自由。

這個情況到了五十歲以後，會逐漸地擺脫這樣的負擔，雖然仍然要照顧子女與父母，但是至少有私人時間，能夠找尋自己想做的事，這是非常珍貴的機會，既不是要賺大錢、不需費心思在養兒育女上，而是開始為了擁有自己人生的時間而活。倘若在這樣的機會下，你什麼都不做，只是一昧地讓時間流逝，之後應該會覺得空虛又後悔吧？

「現在是終生學習的時代」這句話從很

豐富自己的人生，朝夢想前進

想要替孩子發掘才能，父母就得先努力找尋自己擅長的事，媽媽有夢想且朝著夢想前進的話，才能好好地栽培孩子。立刻去自己居住區域的社區大學，詢問開了哪些課程，選擇不會造成自己負擔的課程報名吧！比起空想著十件事的人，實踐一件事的人所獲得的更多，要求孩子做某事之前，媽媽先帶頭執行吧！

早以前就有聽過，我們只用學生時代學到的知識活到現在，但是社會發展急遽變化，新資訊多到氾濫，**我們該在自己未來的人生裡，多充實自己的生命**。舉例來說，現在許多社區大學都會開許多課程，課程內容也相當豐富，例如游泳、瑜珈、健身、桌球、高爾夫球、有氧運動、階梯有氧運動、編織、書法、水彩畫、歷史課、人文學、引導課程、歌唱課、吉他課、料理課等……每個月都會開十種以上的課程呢！

訂下目標且執行才是圓夢方程式

建立執行目標的具體計劃，才能實現夢想

持續地訂定夢想清單時，我想要什麼、我想做什麼、我想去哪裡便能一一得知。關於人生的藍圖中，**夢想不需要訂下明確的期限，相反地目標卻有訂定想要實現的期限，如果再具體仔細規劃並訂下期限，它就會變成計劃。**

在公司上班的智英小姐，每個月領兩百萬韓圜（約台幣五萬三千元）的薪水，她想去留學但她卻沒有足以讓她去留學的存款，假設留學最少五千萬韓圜左右（約台幣一百三十五萬元），每個月可以存下一百萬韓圜（約台幣二萬六千元），那存兩個月也只有兩百萬韓圜（約台幣五萬三千元），還不夠四千八百萬韓圜（約台幣一百二十八萬元），而且存到剩下的錢必須花費四年的時間，那樣的話年紀也大了，待學成歸國之後，似乎會難以就業。

要是這種情形，就得先行訂下兩年內存夠五千萬韓圜出國留學的目標，那麼每個月必須存二百萬韓圜才能在兩年內存到四千八百萬韓圜，因此得試著找尋該怎麼做才能每個月存二百萬韓圜的各種方法，例如：縮減生活費，找尋兼差工作，短期內做兩三份工作等等。

訂立你的遺願清單，並徹底執行

一九八五年康乃爾大學裡要求哲學系大二生製作「遺願清單」，遺願清單就是思考自己的人生，還要做哪些事才不會感到遺憾？並訂立方式寫下完成的方法。之後過了十五年也就是二〇〇〇年，著手調查他們現在過得如何，結果顯示精心製作遺願清單的學生，比沒做遺願清單的學生，財富平均多出二．八倍，九十%的學生滿足於現在生活並且過著幸福的家庭生活，也就是說**有訂定計劃的人，比沒計劃的人過著更加豐富且幸福的生活**。

從小學就開始製作遺願清單，到了國中、高中、大學、二十歲、三十歲、四十歲，都持續有制定遺願清單習慣的話，它將會成為你的人生體驗明細，完完整整地變成人生歷史，過去你過著什麼樣的生活，日後想過什麼樣的生活，便能一目瞭然。**能夠徹底實行一件事的人，便能醞釀執行五件事、十件事、一百件事的力量。**

就當作是建立邀請客人來家裡，並招待晚餐的計劃吧！假如訂好時間與邀請者、決定好菜單、列好採買明細，但去超市卻不採買食材，就無法在家一同享用餐點。做好遺願清單卻不執行，就跟做好邀請客人的計劃，到了超市卻不買東西沒什麼兩樣。

訂定目標與計劃是很重要的，但要是不執行，目標與計劃便毫無用處，因此制定一個具體、易於達成的計劃且實踐它，遠比訂定一百個計劃卻不執行來的好，只要開始執行一個計劃，執行更多計劃的可能性就會變高。

《瘋狂執行力》這本書的作者朴成進先生，他來自於鄉村學校的美術大學，是位沒有值得誇耀學經歷的人，他在CU便利商店公司就職，當上最低營收的分店長，起初曾經苦惱著是否該辭掉工作，但是他改變想法，訂下提高分店營業額的目標之後，做市調、製作小標籤貼在牛奶瓶上販售等……由於他的各種點子與執行力，讓分店營收明顯增加。之後他成為管理八間分店的店長，不斷構思出符合各分店特徵的販賣策略，因而提升了販售成績。

朴成進先生讓泰利亞咖啡廳進駐大德大學校內，這也是將不可能演變成可能的例子，雖然那時學校已經確定要讓某間特定業者進駐校內，但是他請求校方給予發表機會，讓他發表了自己構思的泰利亞咖啡廳經營方案。他主張創造學生可以聚集的空間、打造專屬女學生的化妝間，原先很難實現在CU便利商店裡供應食物這項也變得可行，他提出了以上這幾點，由於他獨特風格以及富有真誠的發表，打動校方的心，最後採用朴成進先生的企劃案。

朴成進先生強調說：「無論是什麼，僅只於想像是無法實現任何事，先動起來跑到現場，付諸行動才能有收穫」。我百分之百認同朴成進先生的想法，**列好遺願清單後，不管是哪件事先做再說吧！這樣的話身體便會自行動起來。**

就算覺得為時已晚，還是要勇敢挑戰

有位中醫師出生時罹患小兒麻痺，後來成為治療癌症的專業中醫師，他遇見眾多患者並治療他們的同時，覺得隨著年紀越來越大，自己也得做好健康管理，因為自己的身體要健康才能醫治更多患者，因此他決定學游泳。他對游泳老師說：「我沒有要成為游泳選手，也沒有極大野心，我只要身體能浮在水面上，麻煩您就這樣教我。」但是游泳老師說：「要有目標才會更用心地學習，不管是一百公尺還是五百公尺，請訂下目標吧！」

當時他治療的患者中，有位患者的願望是臨死之前在草皮上打高爾夫球，之前只會拼命工作都沒能好好玩樂，正要開始學高爾夫球時就得到癌症，所以他跟這位中醫師相互訂定目標並且打賭，患者訂下打高爾夫球七十九桿以內的目標，中醫師則是訂下看似不可能的

Point!

只要訂下目標執行，就有實踐的機會

如果你總是想著現在做這些已經太遲了，那你將無法實現任何事情。訂定目標為達成它去努力執行的話，縱使達不到目標，但還是有實現一丁點目標的機會，倘若能夠實現目標固然是更好，但活在世上也有無法達成目標的情況，不過比起抱持懷疑說：「到了這節骨眼還能怎麼做、能做什麼？」並且放棄的人，訂定目標為實現它努力去做的人會更加成長，並且能夠過著充滿喜悅與感恩的人生。

完成游一千公尺為目標，他們開始比賽看誰先達成目標。患者為了完成目標，在社區內步行、在公園內散步、在住家周邊爬山，只為鍛鍊自身的體力，正因如此患者病情好轉許多，中醫師雖然達不成一千公尺的目標，因為就連游兩百公尺都很不容易，但至少他變得很會游泳，而且為了實現游一千公尺的目標，更加努力練習游泳。

讓夢想成長的養分是努力

你的夢想是什麼？有夢想才有努力的動力

我們培養新的技能時，一般會歷經以下四個階段：

第一階段：無意識、無能力
第二階段：有意識、無能力
第三階段：有意識、有能力
第四階段：無意識、有能力

拿開車來舉例，一開始連學開車的想法都沒有（無意識、無能力），某一天有了想開車的念頭，但卻進入了不會開車的階段（有意識、無能力），接下來接受訓練後，取得駕照並實際上路（有意識，有能力），就這樣過了幾年之後開車技術變得熟練，即使想著其他事情也能駕輕就熟地開車（無意識、有能力），在熟練的狀態下，就算沒有這麼聚精會神，但我們的身體也會做出相對應的反射動作。因此**不管是哪一種技能，要是想培養它就必須先行轉換「看來我得做某事」的想法才行。**

要是直接向孩子詢問目標是什麼，老實說他們會答不出來，不過即使如此，毫無目標地就這樣讓孩子一年一年地度過，也不是正確的事。

大人就算以十年為單位去思考，也能回溯過往還能想像未來，但是叫十三歲的國小六年級生說說看十年前的事、想像十年後的事，他根本無法想像。對孩子來說十年是非常漫長的時間，老實說五年都嫌長了。**對國小學生而言，讓他們想像一年前後會比較好，中學生建議以三年為單位、大學生以五年為單位、成人以十年為單位去想像未來會比較實際。**

假設足球選手們認真的比賽時，所有選手滿頭大汗努力地奔跑，每個人大聲叫喊著快踢進球門，但這時卻發現沒有球門，只因為其他人都在跑所以我也在跑。你的人生是否也是這樣過生活？只是為了不讓對手踢進球門，拼命阻擋他且一直向前跑，根本沒辦法休息。

近來的孩子們沒有那麼多時間可以玩，別提中學生、高中生，就連小學生要做的事都很多，要學習彈鋼琴、學跆拳道、補美術、補英文，甚至週末還要上安親班，所有人像這樣拼命地朝向哪裡奔跑呢？知道球門在哪裡才跑的嗎？該不會是因為旁邊的朋友正在跑，所以也跟著漫無目的地奔跑吧？

將目標書面化，能更明確執行的方式

我們家每個人到了年底，就會用白紙寫下明年要完成的目標，並且分為短、中、長期記錄下來後，孩子們把它貼到書桌前，我們夫婦把它貼在臥室的化妝台前面，到了年底確認一下今年的目標完成了哪些，隨後將隔年的目標重新歸納再把它貼在書桌前。

我們每年都會像這樣檢查目標達成了哪些，並且訂定全新目標，要是照這樣持續下去，我們能知道自己完成了很多事情，因此隔年也會記錄，再隔一年也還是會記錄。不過也是會修改中期、長期目標，重要的是列出自己今年想實現的願望，把它貼起來，並且經常看著它。

第一年做完計劃後，到了年底確認自己完成了多少目標，如果看到實現的遠比想像中的還要多時，便會大吃一驚。最好是各自都貼在明顯的位置上每天閱讀它，那樣的話為達成某項目標，例如我現在該念哪些書或該做哪些事，便能清楚地了解。這就跟進行足球賽時，知道球門在哪裡是相同的道理。

孩子們最好是以年級為基準劃分目標時期，而人生目標最好也要用文字記錄下來，學生們大多數會區分，到小學六年級的目標、到國中三年級的目標、從高三到大學入學為止，以及直到大學畢業為止的目標，一定要設定目標，或是製作遺願清單也行。

媽媽們訂定十年後、五年後、今年的目標，然後再制定更詳細的目標會更好，光是設定目標就能讓心情變得不錯，會有像是已經實現目標那樣的愉快錯覺，以及湧現應該能辦得到的能量。

有一份針對來自於美國哈佛大學、耶魯大學畢業生，做的二十年後他們人生變化的研究調查結果，據說其中將人生目標跟實踐方法記錄下來三%的人獲得成功，擁有人生目標卻沒記錄下來十%的人成為富人，只制訂短期計劃六十%的人變為平民，而沒訂定計劃二十七%的人變成貧民。

每天把目標說出口，就能找到實現的方法

斯賓塞約翰遜在《父母》這本書中提及一分鐘的目標，要是想組織幸福家庭，家人之間得準確知道對方要的是什麼，可以讓各自都寫下不超過二百五十個字的自身目標，然後跟家人共有它，並且每天都得閱讀它、將它大聲說出口，我們的頭腦就會有印象，為實現它將會付諸行動，而我們能夠完成它的可能性將會提高。

Point!

把想要做的事寫下來，制定計劃執行

讓孩子們思考自己想要完成的事情，請他們把它寫下來，並且貼在書桌前，每天都大聲朗讀它吧！多次制定可實踐且能達成的短期目標，並且反覆地完成，就能提升孩子們的自信心，讓他們對人生擁有積極進取的態度。若是沒辦法實現目標，就討論看看為什麼會失敗？要怎麼做才能成功？讓孩子自己去思考並且改進，引導他們再次實現目標的力量，這樣做才會讓孩子自立，自然而然地訓練出日常生活中解決問題的能力。

舉例來說，「現在練習彈奏的鋼琴曲每天都要彈三次，一星期之後毫無失誤精準地彈奏出來」，「每天跳繩十五分鐘讓自己變苗條變高」等……**盡可能列出具體且訂下期限的目標會比較好，目標也可以稱為訂定期限的夢想。**

近年來自名校衝破競爭激烈的就業門檻，進入企業上班的年輕人，大家都說雖然他們有著非常華麗的學歷，但實際上進到職場生活，卻會發生諸多問題，因為他們解決問題的能力實在很不足，只要遭遇意想不到的事情，就不知道該怎麼解決它們。

你希望我們的孩子會變成什麼樣的大人呢？你想要他成為在資料上僅能夠寫出華麗學經歷的孩子嗎？還是希望他變成擁有應付各種情況，具備應變能力的孩子呢？請好好思考一下吧！

寫信給十年後的自己

寫下想對未來自己說的話，鼓勵及感謝他所做的努力

銀慶你好！祝你生日快樂！

讀這封信的日子應該是二〇二六年一月二日，因為寫著這封信的日子是二〇一六年一月二日。

你兒子應該還沒結束學業吧？要是按照計劃，他應該已經完成研究所學業，並且正在攻讀博士吧？說不定他現在正在國外念書，你還記得他曾說過完成學業之前，想要去美國念書嗎？我相信無論他在哪裡、做什麼事，一定會很愉快，並且做的很棒。

兒子總是發揮他的聰明、洞察能力、好奇心、領導能力，我期待他在自己

的人生中活得有意義，並且為周遭人士與社會做出奉獻自身所學的事情。

老公應該不是上班族了，二〇二六年應該自己當老闆創業了吧？他本來就很老實且極為細心，不管做什麼事，既正直又為他人著想，即使是小事也會勤勉努力地去做。我相信他所選擇做的事情，一定都懷抱著熱情及動力來執行。

最好奇的正是我本人過得如何呢？

你應該開設了找尋夢想職業的引導中心，並認真地替人們上課，閱讀書籍並寫稿，依然過著繁忙的日子吧？不分青少年、青年、中年，規畫未來找尋夢想這件事，我想那時的你已經站出來幫大家了，應該很有成就感吧？人們找不到自己的夢想應該會時常感到迷惘，但是我相信你這麼努力幫助大家找到夢想，大多數人應該會有所成長，他們透過你的引導，應該擁有充滿希望的未來，而且會盡全力去完成夢想，我覺得這是很有意義且幸福的人生。

你現在正在用心地寫著書吧？現在下筆寫著的書，主題是什麼呢？

未來的鄭銀慶應該會變得更棒，我相信你會比現在更加專注且埋首於自身的工作，我也好奇你會在哪個教會裡歌頌並服侍呢？無論身在何處你都會更加謙遜，在教會內外努力地傳教且當志工吧？我想你應該會特別針對貧困環境的孩子們予以協助。

讀完這封信之後，千萬不要忘記再度提筆，寫信給十年後的鄭銀慶，並且感謝這段期間用心過活的自己，要多愛自己一點。

二〇一六年一月二日　鄭銀慶

PART 6
教練媽媽
引導對話實例

引導實例1

到底該不該繼續玩遊戲？

教練媽媽VS.國小六年級的孩子

底下是國小六年級、沉迷遊戲的男孩敏赫，某天他突然覺得玩遊戲是很花時間的事，想停止遊戲卻又捨不得，於是跟他媽媽提出討論的對話內容。

要是聽到孩子說要停止玩遊戲，絕大部分的媽媽傾向於回答：「做的很好，一定要馬上停止」並引導對話。但是媽媽很容易就想在孩子前面做出結論，不過最好還是讓孩子好好思考並讓他自行做出決定，無論他做出什麼樣的決定，能夠訓練他自我煩惱與思考的能力，還能夠學到自己下決定且為決定負起責任的方法。

底下案例中敏赫的媽媽，讓他自行下決定，而敏赫在一番苦惱後，對媽媽說出要清除遊戲且刪除遊戲帳號，媽媽對他讚不絕口。

敏赫：「媽，我現在應該要停止玩遊戲。」

媽媽：「是嗎？你怎麼會有這種想法？」

敏赫：「因為我覺得玩遊戲很花時間。」

媽媽：「話雖如此，玩遊戲不是很有趣嗎？」

敏赫：「雖然很有趣，但玩完後發現消磨了非常多的時間。」

媽媽：「自己說要停止玩遊戲還真是值得嘉獎呢！但是你真的能戒掉玩遊戲嗎？」

敏赫：「我想停止玩它，但是想到之前累積的點數又覺得好可惜。」

媽媽：「是啊！挺可惜的，你都玩了那麼久。」

敏赫：「我玩了三個月，要不然我把遊戲帳號給朋友？」

媽媽：「要給嗎？把遊戲帳號給朋友對你有什麼幫助？」

敏赫：「之後還能用我的遊戲帳號玩。」

媽媽：「那樣的話，我覺得你不是真心想戒掉玩遊戲呢！」

敏赫：「是啊……不然我把遊戲帳號刪除吧！但是會浪費掉之前累積的點數。」

媽媽：「原來如此，假設你繼續玩遊戲而點數不斷地增加，你覺得會變成怎麼樣？」

敏赫：「我會很開心、朋友會羨慕我，但是會花太多時間在上面……所以我該怎麼做？我要停止玩遊戲嗎？」

媽媽：「這個嘛，雖然我聽到你說要停止玩遊戲我很開心，但是我覺得我不能幫你做決定，我希望你能好好思考一下再做決定，這樣的話無論你做出什麼樣的決定都能遵守它。」

敏赫：「這周末我要好好思考並且做出決定，不過跟媽媽談完之後，突然覺得玩遊戲的缺點比優點還多。」

媽媽：「好啊，周末你就好好想一下，再把你的決定告訴媽媽。」

引導實例2

考試該如何準備才好？

教練媽媽VS.國中一年級的孩子

底下是國中一年級的藝真跟她媽媽的對話內容，她煩惱著該如何準備期末考，媽媽則透過引導對話予以協助。藝真的媽媽持續跟孩子詢問方法，而孩子想出各種方法後，讓她選擇最能夠實現的辦法，然後幫助她制訂實際上可以適用這方法的計劃，媽媽也向孩子詢問需要給予什麼樣的幫助。

第一次開始做引導對話是很生疏的，也有可能發生很多失誤，但是像這樣的訓練可以從孩子年幼時期就開始實行，這樣孩子以後的任何作業，都會自己思考該怎麼做完。

像這樣的引導對話只有主題不同，還可以適用在幼稚園小朋友，當然孩子越小媽媽就要提供較多的意見或協助，不過這樣的訓練一定是會有幫助的。年幼孩子在這種狀況下，媽媽跟孩子可以輪流提出方法與點子，並交給孩子選擇該用哪種方式去做。

媽媽：「期末考試準備的怎麼樣？」

藝真：「想好好準備，但時間上好像不夠用。」

媽媽：「你想考好，卻又覺得時間不夠用。那你打算怎麼做？」

藝真：「先從背誦的科目開始準備，一天讀一科。」

媽媽：「媽媽相信你一直到期末考，如果維持像現在的努力，一定可以準備好的。」

藝真：「好像可以準備好，又好像有點困難。」

媽媽：「要怎麼做，時間才不會不夠用呢？」

藝真：「不知道。」

媽媽：「回想上次期中考的狀況為何？」

藝真：「也是從背誦的科目開始準備，結果測驗卷都還沒做完，考試那天就來了。」

媽媽：「期中考時想要努力，卻無法按照計劃複習完嗎？那麼這次要怎麼做才好呢？」

藝真：「或許試著參考考試時間表，擬定計劃？」

媽媽：「那樣做很好，還有其他方法嗎？」

藝真：「試著輪流準備背誦科目、國文、英文、數學好了？」

媽媽：「這個方法不錯，還有其他方法嗎？」

藝真：「先讀練習本試著作答，再讀課本？」

媽媽：「現在你說的方法中，哪種是比較有可能實踐呢？」

藝真：「先參考考試時間表，再擬定計劃。似乎可以試著輪流準備背誦科目、國文、英文、數學。」

媽媽：「這樣實踐起來，沒有困難嗎？」

藝真：「還是覺得時間不夠用。」

媽媽：「要怎麼做才會覺得時間夠用呢？」

藝真：「我想會很困難，但我打算從這周開始晚一個小時睡覺。」

媽媽：「妳應該會很累，有辦法遵守嗎？」

藝真：「我先這樣決定試著做看看，媽也要幫我，讓我念書念到晚一點睡。」

媽媽：「好的，還有要是沒辦法減少睡眠時間，提升專注力會更好，妳有沒有提升專注力的辦法？」

藝真：「那麼這次考試期間我會把手機交給媽媽保管，這樣我的專注力就會提高，不過我得聽音樂才行，我會用iPod聽音樂。」

媽媽：「好啊！我知道了，我女兒真了不起，竟然會主動交出手機，媽媽看到妳這麼努力覺得妳好厲害，努力嘗試後又遇到困難的話記得跟我說！媽會替妳準備好吃的點心，讓妳能集中精神念書。」

藝真：「好。」

引導實例3

孩子擔心人際關係

教練媽媽VS.國小五年級的孩子

底下是媽媽與國小五年級兒子的對話內容，英燮擔心朋友討厭自己，媽媽不跟英燮提及自己的感受或判斷，協助孩子讓他自己找到問題點與解決方法。孩子在說出自己的問題點的時候，不要責備或指責他，反而要稱讚他肯說給自己聽。

當然如同範例這樣進行引導對話，不見得能讓孩子正視自己的問題點，並找出明智的解決之道，但是不要忘記讓他去思考自己的問題點在哪，這是很有意義以及具有價值的事，藉由這種訓練可以培養孩子的思考力與問題解決能力。

媽媽：「兒子，下課啦？」
英燮：「嗯。」
媽媽：「學校裡有發生什麼事嗎？你今天看起來很沒元氣呢！」
英燮：「沒有發生任何事。」
媽媽：「要是沒發生任何事那就太好了，不過媽媽總感覺你跟平常不大一樣。」
英燮：「沒發生任何事，只是在第五節體育課玩躲避球時，我們這隊輸了。」
媽媽：「原來是英燮那隊輸了啊！因為你的表情看起來不大好，媽媽當然會好奇啦！比賽輸了很難過嗎？」
英燮：「不是因為比賽輸了難過，而是覺得我們班同學討厭我所以才心情不好。」
媽媽：「誰會討厭像你這樣帥氣的孩子，媽媽覺得英燮是世界上最帥的。」
英燮：「那是因為我是媽的兒子，所以妳才會這麼認為，今天上體育課玩躲避球時，同學們都一直攻擊我，我本來閃避的很好後來被球擊中才會被判出局，還被球擊中了三次，同學們一直拿球丟我，他們好像討厭我。」

媽媽：「玩躲避球時拿球攻擊你，就認為是同學討厭你，媽媽實在無法理解，我反倒認為是因為英燮很會玩躲避球，他們才會先攻擊你吧？」

英燮：「不是這樣，今天午休時要玩足球，他們不讓我跟他們一起玩，朋友們都討厭我。」

媽媽：「是嗎？你很難過吧？英燮應該很想玩足球，卻沒辦法跟朋友一起玩。」

英燮：「要是明天朋友也不讓我加入我該怎麼辦？」

媽媽：「該怎麼做比較好？」

英燮：「我不知道。」

媽媽：「你跟朋友的關係應該比媽媽更清楚，再想想看該怎麼辦？」

英燮：「我明天把足球帶到學校去怎麼樣？」

媽媽：「帶足球去學校有什麼用處？」

英燮：「要有球才有辦法踢足球，要是帶球去學校，應該會有同學說要一起玩球。」

媽媽：「也許會有吧，還有沒有跟朋友變親近的其他方法呢？」

英燮：「放學後我可以帶朋友回家嗎？」

媽媽：「當然可以，要是你帶朋友回來，媽媽就替你做起司辣炒年糕。」

英燮：「哇！應該很好吃。」

媽媽：「對了，進宇說他放學後要去報機器人課程，你要不要也去報名？」

英燮：「我知道了，那我跟進宇放學後，去上機器人課的那天，下課後我再跟他一起回來就行了。」

媽媽：「好啊，這也是不錯的主意。對了你想想看，班上哪些同學很受歡迎呢？他們的個性如何呢？」

英燮：「不常生氣且經常幫助朋友。」

媽媽：「那英燮也想要交很多朋友的話，該怎麼做比較好？」

英燮：「應該要常常幫助朋友，我有時都會大聲叫喊，搞不好同學們不喜歡我這樣做。」

媽媽：「原來你有在學校裡大聲叫喊過啊！」

英燮：「同學們吵鬧時聽不到我說的話，我有大聲叫喊且跟他們說話，或許這樣同學們覺得我很吵而不耐煩。」

媽媽：「原來如此，媽媽都不知道，謝謝你肯告訴媽媽。」

英燮：「之後我會試著努力不大聲叫喊的。」

引導實例4

覺得生活無聊的國二生

教練媽媽VS.國中二年級的孩子

底下是國二女學生跟老師的對話，老師在這裡扮演教練媽媽的角色，協助學生找到人生的興趣。敏兒跟老師說最近什麼事都不想做，變得死氣沉沉，不知道該做什麼，而老師透過反問方式協助，幫她找到擅長以及喜歡做的事，藉由這樣的對話，敏兒也領悟到自己喜歡寫文章以及畫畫。

老師：「敏兒，你今天看起來心情不大好。」

敏兒：「最近不知怎麼搞的什麼都不想做，補習班作業多到不行但就是不想做。」

老師：「最近有沒有什麼事情讓你心情不好呢？」

敏兒：「沒有，就只是沒什麼動力。」

老師：「那妳周遭環境有變得不一樣嗎？為什麼妳會突然不想做任何事？」

敏兒：「我不清楚，老是坐著發呆只想休息。」

老師：「原來如此，妳想一下去年妳做得最好的兩件事是什麼？」

敏兒：「好像沒有，我沒有擅長的事。」

老師：「怎麼可能去年一整年，妳都沒有做得好的事呢？」

敏兒：「我可以說跟念書無關的事嗎？」

老師：「當然可以，要是妳覺得它是妳一年當中做得好的事，不管是什麼都可以講。」

敏兒：「我想到了，去年體育術科考試跟筆試都考到一百分，還有拿到獎狀。」

老師：「真了不起，不僅筆試考一百分，妳連術科考試也都拿到滿分啊！看來敏兒對運動很擅長喔。」

敏兒：「我又想到一件事，體育老師提議我加入五人制足球，那時我真的很開心。」

老師：「哇！那妳應該很開心，妳告訴我這些事的時候，眼睛也變得炯炯有神呢！」

敏兒：「說到這些我心情也變得很好，可是我還是不想念書。」

老師：「這個嘛，妳周遭朋友之中有沒有很會念書的人呢？」

敏兒：「有比我會念書、會玩的朋友，那位朋友說她以後要當程式設計師。或許我會這樣提不起勁，應該是我至今仍然漫無目的吧？」

老師：「那你做什麼事的時候最快樂呢？」

敏兒：「我喜歡寫文章跟畫畫，但是父母討厭我做這些，所以不能經常做。」

老師：「原來如此，妳很難過吧？」

敏兒：「嗯。我喜歡看網路漫畫，但是要小心不要被父母發現。」

老師：「妳覺得網路漫畫哪些部分很有趣？」

敏兒：「內容很有趣，我也對畫畫感興趣，還有我挺喜歡看一系列的漫畫。」

老師：「那麼對於網漫作家妳有什麼想法？可以寫文章還可以畫畫喔！」

敏兒：「當網漫作家嗎？好像挺有意思的。」

老師：「是嗎？」

敏兒：「看來我得了解一下網漫作家。」

老師：「妳看起來心情非常好。」

敏兒：「我想寫作業了，我先寫完作業然後再針對網漫作家查詢一下，要是父母不讓我用電腦，就算要在記事本上寫文章、畫畫，我也要動手去做。」

老師：「看到你心情變好，老師的心情也很好呢！」

引導實例5

幫助孩子找尋夢想

教練媽媽VS.國中三年級的孩子

底下是國三女學生跟老師的對話內容，老師在這裡扮演教練媽媽的角色，協助孩子找到自己的興趣。智恩一直以來都是媽媽說什麼就照做，非常沒有主見，她連自己喜歡什麼都不知道。老師為了協助智恩去領悟自己想要什麼而反問她，藉由這種引導對話，只要智恩自己肯找尋感興趣的事並且努力辦到的話，我想她就能夠找到自己的目標，並努力完成累積自信心。

智恩：「老師，為什麼我沒有夢想？」

老師：「決定夢想不是件簡單的事吧？」

智恩：「我畢業後只想去公司上班，過著穩定的生活。」

老師：「妳想去哪種公司上班？」

智恩：「任何公司都可以。」

老師：「公司裡做的事也有細分喔！生產產品的部門、販售產品的部門、宣傳產品的部門、管理公司職員的部門、管理財務的部門等……有各式各樣的部門，妳想在哪個部門工作？」

智恩：「我不知道，要是他們替我決定好叫我做，都應該能做得很好吧。」

老師：「要是智恩能自行決定，妳想選擇哪個部門？」

智恩：「很難講，一直以來我都是照著媽媽說什麼我就做什麼，我很難下決定，衣服也是聽媽媽的話買的，吃東西的時候也是媽媽去點餐。」

老師：「智恩應該有看著菜單點餐的經驗吧？」

智恩：「大部分都是媽媽替我決定的，我在家裡想叫炸雞來吃，我媽都會反駁說不行。」

老師：「那妳覺得妳媽媽替妳做決定到什麼時候比較好？」

智恩：「我覺得大學後我就能自己做決定，有時候好羨慕朋友不用經過媽的同意就能自己買衣服，還能跟朋友約出去玩。」

老師：「妳最羨慕朋友的哪個部分？」

智恩：「不用看媽媽的臉色就能隨心所欲去做，我從現在開始也要練習說出自己的想法。」

老師：「嗯，那要怎麼試著去做？」

智恩：「首先出去吃東西的時候，我自己看菜單點餐、我自己挑選衣服，在家裡還要叫炸雞來吃。」

老師：「嗯，有沒有老師幫得上忙的事？」

智恩：「不用了，我先嘗試做看看，有需要老師幫忙的話，會再告訴您的。」

老師：「剛開始妳說妳沒有夢想，現在心情覺得怎麼樣？」

智恩：「雖然說不上來，但似乎有了自信心，看來我得想一下我感興趣的領域是什麼，我媽媽曾說我適合做節目作家，那個工作也不壞，但是去尋找其他工作好像會比較好。」

老師：「現在妳的表情跟一開始的表情差很多喔！對了，妳要怎麼找尋你感興趣的領域？」

智恩：「我會在網路上找看看，還會向學校裡的生涯規劃老師做諮詢。」

老師：「老師也很期待，就算沒辦法很快找到，但是只要一直想著我做什麼工作對自己最好這個問題，說不定某一刻就會出現你想嘗試的領域喔！」

智恩：「我老是覺得自己沒有會做的事，要是從感興趣的事是什麼這部分下手尋找，就能努力念某一科或事先做好準備，所以我應該要從說出我想要什麼來練習開始做。」

老師：「好的，這樣做的話妳會逐漸變得很有自信，還能夠找到妳想做的事，只要下定決心去準備，我想沒有辦不到的事。」

智恩：「真的嗎？」

老師：「哪有人一開始就很厲害，最初大家都做不好，但是經由努力才會變得很厲害。」

智恩：「就我看來我的朋友本來就很厲害，難道不是嗎？」

老師：「打從一開始有可能比別人厲害一點，但是更重要的是靠著持續性努力才能做好。」

智恩：「我有了想尋找目標的想法，心情挺不錯。」

老師：「嗯，希望妳下次還能告訴我妳想要找尋什麼，我會拭目以待。」

智恩：「好。」

引導實例6

教練媽媽的引導自省法

教練媽媽VS.與孩子吵架的媽媽

底下是二〇一〇年十二月我和孩子起了點小口角之後，用自問自答方式進行自我指引，並且記錄於電腦的文章。讓自己同時扮演教練與被指引者，進行自問自答讓自己的情緒鎮定下來，並且能夠找到如何解決問題的線索。

寫著這篇文章的當下，看著坐在客廳裡的兒子發出笑聲，我的心像是雪融化般的釋懷了。唉，天下父母心都是這樣吧！因為兒子的一舉一動而感到不知所措，就這樣打亂了我的生活步調，因為太愛他才會這樣。但我也有了得放手讓他學習自立自強的想法，我得訓練不干涉他在一旁看著他，就算兒子陷入混亂，也要相信他能做得非常好。

教練：「把『跟孩子建立健全的關係』這句話，用直述話表達該怎麼說才好呢？」

媽媽：「跟孩子進行圓滑的溝通，並且自然而然地與他對話。」

教練：「那麼跟孩子建立健全的關係，對你的人生有什麼樣的意義？」

媽媽：「孩子開心地做著自己該做的事，我應該也能快樂地做著我的事。」

教練：「那麼你現在遇到了什麼問題？」

媽媽：「想引導孩子讓他知道對他有助益的是什麼，我用孩子能夠接納的想法跟他談話，孩子卻覺得我在侵犯他的私生活而感到不愉快。我站在孩子立場跟他講，卻看到截然不同的反應，當父母的我也很不安，感到慌張憂鬱。」

教練：「平常你跟孩子的關係是怎麼樣？」

媽媽：「我覺得還不錯，我想要成為好父母因此做了很多努力，我尊重孩子的意見，我還會想辦法跟孩子站在同一邊，雖說如此卻還是發生這種事，我真的好傷心。」

教練：「你覺得孩子是怎麼看待你的呢？」

媽媽：「也有可能不是我想的這樣，不過我覺得他認為我是想成為好媽媽而努力，或許我得再更了解青春期的孩子，我必須再多讀點書，認真上教練研討會才行。平常我是幾乎都不會跟孩子起衝突，大部分的事都會相互討論，並且讓他自己做決定。」

教練：「你有沒有針對這個問題，跟周遭的其他父母聊過天呢？」

媽媽：「之前我有跟很多家長見面，並且跟他們聊過很多事情，但是好像沒有聊過像這樣的具體事情。」

教練：「你現在能想得到針對這問題，並且想跟他討論的人嗎？」

媽媽：「與其見了某人跟他請求協助，不如希望藉由這件事成為很好的借鏡，每位家長所面臨的狀況都不同，因為每個孩子的心態、個性都不一樣，而媽媽的心態、家庭文化也截然不同，與起跟他人討論，倒不如自己經歷並學習，我認為這件事也是我跟我孩子建立健全關係的必經過程之一。總有一天孩子也會理解媽媽，知道我的本意並不是想侵犯他的私生活，而是想幫他才會那樣做的。」

教練：「那你之後打算怎麼做？」

媽媽：「說話時再謹慎一些，給他時間與等待，直到他請求援助我再幫他。不管是日常生活，還是念書，抑或是人際關係，我認為多數事情得交給他去處理並且等待他向我請求幫忙。」

教練：「這樣你應該比較有信心，而且感覺到充滿能量了，現在你覺得怎麼樣？」

媽媽：「教練的力量著實讓我嚇了一跳，我鎮定下來後馬上要去做其他事情，我想我可以集中精神做得好，感謝你。」

尋找人生目標的四週計劃

協助你找到人生目標的方式

想用教練媽媽的引導方式養育子女，媽媽也得擁有夢想樹立目標，並且充實自己的人生，我們必須自己找到夢想、建立目標，才能告訴孩子如何通往夢想這條路。

以下內容是協助你在四週期間找到人生目標，列出的表格是實際上我上課時所使用的東西，建議由三、四位媽媽利用這裡的內容一起進行聚會、互相討論，一星期辦四次聚會、每次兩小時，之後再開辦深入談話的聚會，這樣不僅能提高執行能力，要是持續進行找尋人生目標的活動，還能讓你增進自信與驕傲，不管做什麼事都會有開始執行的勇氣。除此之外，想要成長的人聚在一起時，會有協同作用，會相互支持以及激勵對方。

如果找朋友組成小組聚會很困難，也可以回家試著寫出幾道問題，這樣也有助於了解自己，閱讀問題後不要直接跳過，而是照著自己想的，寫下答案並且翻到下一頁會比較好，答題時如果無法立即想到答案，也可以慢慢思考。

第一週：試著回想成功經驗，尋找自己的長處

試著寫下活到至今認為自己做得好的事，例如：個人成果、業務績效、學業成績等，具體地說明何時、做了什麼、要怎麼樣才會做得好，藉由這樣的成功經驗，能夠發現自己的長處以及提升自信心，檢視暗藏在內心深處的巨大潛力。

你有什麼樣的成功經驗？

何時、在哪裡、做了什麼、怎麼做的？具體地寫下你成功且認為自己做得很好的事，並寫下原因。

1

2

3

4

5

6

7

請周遭的人說出，提到你會想到的三個詞語

家人、朋友、學長姐、學弟妹、同事等共三十名，要求他們傳訊告訴你，提到你時他們會想到的三個詞語，並且將他們回覆的內容記錄於此處。

★例如：熱情、勤勞、智慧、微笑、正面、愛、信任、誠實、祈禱、溫和、尊敬、服務、體諒、責任、節儉、從一而終、整理、知性的、愉快的、有計劃的、進取的、舒服的、持續力、幽默、自由、創意等。

★寫下朋友對你的看法

第二週：觀察自己的內在，了解自己的想法

史蒂芬・理查茲・柯維（Stephen Covey）曾說過：「若知道什麼對自己最重要，人生就會完全改變，每天就會隨時將夢想銘記在心裡，把它視為最重要的。」

過去在生活的過程中，我們真的忘記了很多事情。「什麼做得好？」「我喜歡什麼？」「我想要什麼」，連問自己這些問題的時間都沒有，也沒有機會想想看。沒有「我」這個人，生活裡只有我的子女、我的先生、我的婆家、我的娘家等周遭的人……但現在是到了該傾聽你內心聲音的時刻了。

前面我們透過自己的成功故事，來分析自己擁有的優點，現在請試著回答下列問題。

請回答以下的問題

● 當所有條件都具備時，你最想做什麼事？

- 讓你怦然心動的人、事、物是什麼？
- 你最擅長什麼，別人覺得很難的，你卻覺得很輕鬆的是什麼？
- 你做什麼事、什麼樣的想法會覺得有意義、有價值？
- 小時候的夢想是什麼？
- 現在上大學的話，會主修什麼？
- 透過你的這些優點，可賺到錢的事情有哪些？
- 曾經看到某個人做的事情，會萌生羨慕的心情嗎？
- 別人稱讚你做得好的事情有哪些？
- 最近被稱讚的事情有哪些？因為什麼事情被稱讚？

認真思考自己的現在、過去、未來

回頭看看自己十年前的樣子，那時你花最多的時間在什麼事情上？最關心什麼？覺得什麼最重要？你現在的樣子又怎麼樣？並試著做這樣的想像：十年後你會期待自己變怎樣？現在你的樣子當中，什麼可繼續維持，哪一部分需讓它消失，哪一部分需創新？

現在周遭的人對你的印象如何？

隨著年齡增長，外貌變的不一樣這是無可奈何的事，但是你所散發出來的氣質，你抱持著哪種想法過著每一天，主要做著什麼樣的事度過日子，根據底下這些事會有明顯的不同。想想看底下的問題，現今你的樣子是？

- 周遭的人提到你會說什麼話？聽到那些話你會有何感受？
- 家人（老公、孩子、娘家媽媽、婆婆、我朋友……）認為你是什麼樣的人？
- 配偶、子女在你的人生中是什麼樣的人？
- 你想要你的人生是什麼樣的人生？
- 你周邊的人期望你過著哪種人生？
- 你認為自己是什麼樣的人？

你的過去是？你是怎麼樣活到現在？

假設你認為跟自己熟的人有五位吧！那些人是擁有什麼樣的性格？是努力地抱持著目標並計劃自己未來且成長的人嗎？還是珍惜一天又一天的幸福並面對現實的人呢？是八卦著周邊朋友的事的人嗎？還是愛講自己、自己家的事的人呢？

我們不知不覺間影響著周邊的人，不管是好是壞，對你有好的影響力的人有誰？對你有不好的影響力的人又有誰？無論是好是壞，正影響著你自己或是周邊的人，你從跟你處得近的人們那裡，受到哪種影響力活到至今呢？而你至今帶給他人哪種影響力呢？

- 國小一年級的你，期待現在的自己變怎麼樣呢？
- 從你父母那邊傳承的優點與缺點有哪些？
- 至今做得最好的事與最不好的事是什麼？
- 現在這當下最了解你的人，你認為有誰？

你期盼著什麼樣的未來？

透過各式各樣的問題，你要試著想像八十歲的自己，回想過去的你夢想著什麼樣的未來，再次思考自己的事，然後檢視這段期間所做的成就、重新思考體內的某種力量，將這件事引領到成功階段，這一點我能夠確信我們利用這樣的潛力，日後還可以不斷創造出什麼，以及製作出什麼。

大部分的人在內心深處有五十％是想做某事的，雖然想著我也能辦到某事，但同時又有五十％說著各種藉口，最終認為自己辦不到，一邊這樣做一邊安慰著自己。現在我們所有人，都有必要喚醒自己內心深處的巨人了！

- 十年後你會怎麼度過每一天？
- 給十年後的你寫封信吧！
- 八十歲的你會在哪裡？做著什麼樣的事過生活呢？
- 對你的老公與子女而言，你覺得他們想記住什麼樣的媽媽與妻子呢？
- 你想要在你的墓碑上，記載著什麼樣的文句呢？

想看看周邊大自己十歲的十個人，然後觀察他們現在的樣子吧！究竟你十年後會想變成哪一位的樣子呢？

第三週：樹立自己的人生價值觀

你會感受到幸福的是哪種人生呢？你想過的人生是怎麼樣的？從以下表單中挑選出三種吧！假設你選擇身體健康的人生、經濟富裕的人生、具有意義的人生，那當你感覺到經濟富裕、從事有意義的活動並且身體健康的時候，即是最幸福的時刻。

你夢想中的人生

1	維持現狀的人生	18	優雅的人生	35	經濟富裕的人生
2	人際關係活躍的人生	19	一同生活的人生	36	平和的人生
3	愉快的人生	20	受人尊敬的人生	37	具有意義的人生
4	平靜的人生	21	成為他人典範的人生	38	單調的人生
5	累積業績的人生	22	成長的人生	39	以我為主的人生
6	不受干涉的人生	23	享受興趣的人生	40	以家人為主的人生
7	對他人誇耀的人生	24	身體健康的人生	41	追求藝術的人生
8	悠然自得的人生	25	持續挑戰的人生	42	創意人生
9	跟他人不同的人生	26	享受變化的人生	43	學習人生
10	以孩子為主的人生	27	孤獨的人生	44	精神人生
11	可以不工作的人生	28	刺激的人生	45	四處奔波的人生
12	以業務為主的人生	29	安定的人生	46	以未來為主的人生
13	晝耕夜誦的人生	30	不安的人生	47	以研究為主的人生
14	隨意的人生	31	圓滿的人生	48	自然親和性的人生
15	華麗的人生	32	積極進取的人生	49	享受想像的人生
16	與世隔絕的人生	33	正直的人生	50	重視關係的人生
17	規律的人生	34	幫助他人的人生	51	多采多姿的人生

出處：《十年後的我》

你感興趣的事

從以下表單中挑選出三個，要是在表格中找不到，請在空白處填上自己想做的事。

1	動物	23	料理	45	音樂	67	露營
2	旅行	24	品酒	46	職業發展	68	冒險／挑戰
3	野外活動	25	政治	47	精神生活	69	中小企業
4	設計	26	年長者／老人	48	瑜珈	70	市場／傳統市場
5	藝術	27	氣候變化	49	教育／教導	71	慶典／舞會
6	人	28	有機農	50	健康	72	健身
7	慈善活動	29	金錢	51	美容／美麗	73	打理庭院
8	兒童	30	飛機	52	化妝品	74	農務
9	身體／心靈治癒	31	運動	53	形象管理	75	住宅改造
10	寶石	32	自我開發	54	顏色、色彩	76	室內設計
11	替代醫學	33	心理學	55	書	77	佈置家裡
12	建築	34	人權	56	玩具	78	紡織品／纖維
13	語言	35	文化	57	技術	79	區域共同體
14	環境	36	歷史	58	網路	80	工藝
15	野生活動	37	美術家／藝術家	59	時尚	81	生活類型
16	花	38	電影	60	直接製作	82	舞蹈
17	飲食	39	哲學	61	鞋子	83	傳統／文化
18	企業經營	40	汽車	62	食品影響	84	幽默
19	行動藝術	41	山／登山	63	釣魚	85	照明
20	社會熱門話題	42	海洋	64	閒暇／休憩	86	政府
21	協助殘障人士	43	汽車	65	人際關係	87	孩子／嬰兒
22	占星術	44	藝人	66	壓力管理	88	社會企業

出處：韓國勞動部僱用情報院

現在你擅長做的事

以下是用文字來表達自己的人生目標，請你於表格中選擇相關的詞語，試著理清自己的人生觀，要以「我有這樣的優點，之後我也想要過著這樣的人生」的方向來選擇，如果底下表格沒有適合的文字，也可以自己寫出想要的詞語。就我個人而言，我喜歡指引、成長、人跟人之間的串連角色、夢想這四個詞語。

1	誘發動機	18	手工製作	35	扮演人跟人之間的串連角色
2	付諸行動	19	管理記錄	36	探索情報做採訪
3	經營、管理	20	學習	37	讓大家開心
4	解決問題	21	寫文章	38	用藝術表達
5	分析	22	教導	39	同時間處理很多事
6	指引／指導	23	給予共鳴	40	釐清模糊地帶
7	校正與編輯	24	找資料閱讀	41	用圖片表達
8	計劃	25	數字操作	42	用直覺判斷
9	分類	26	溝通	43	仲裁、調節
10	概念化	27	構思點子	44	應用理論、知識、工具
11	機器操作	28	販賣	45	認識新朋友
12	成長	29	尋找可能性	46	融合
13	合成	30	監控	47	適用於變化
14	革新	31	主導變化	48	臨機應變
15	數據收集整理	32	設計	49	團隊合作、共同作業
16	考試、評價	33	制定戰略	50	挑戰困難的事情
17	進行活動	34	觀察	51	網路資訊搜索收集管理

出處：韓國勞動部雇用情報院

找出你的人生目標

在自己選出的詞語中，將其串連起來就能想出自己的人生目標，以我為例：我想成為活到一百歲的指引教練，協助人們找到各自的人生目標與夢想，並且寫有關這方面的書籍，並持續上課教學。同時為了好好教育我們的下一代，我必須持續想著該如何幫助身處於貧困環境的孩子們，這就是我的人生目標。

第四週：製作自己的遺願清單

花時間回首過往的成功經驗、理清現在的自己、思考過去未來的事，透過我的人生，我日後想過什麼樣的人生，也得樹立自己的價值觀，利用你現在感興趣的事以及潛能，試著列出從現在開始想做的事吧！

當作毫無限制條件，在白紙上逐一寫下死亡之前想做的事，起初就連十件事都很難寫出來，但是最初的第一年寫出清單並過了一年後，便會發現年復一年那份清單會越寫越多。要是沒寫過清單，是很難理解上述內容，年初寫下十個，到了年底時檢查看看實現了多少願望，我想應該會比想像中實現的還多。

也有可能在某一年達成願望，也有可能一輩子都達不成願望，就算如此只要每當憶起自己想做的事、想實現的事的時候，列出願望這件事本身就能湧現力量。例如：對旅行、學外語、學料理、念書有興趣都行，經濟、政治、電影、跳舞等……世界上有著無窮無境的事情，盡可能具體地訂下可實現的目標，能夠達成的機率會比較高。

遺願清單比你想像中的還能夠發揮出強大力量，有著更多癌末患者以驚人速度復原的案例，據說是想要靠自己戰勝病魔的意志堅強，並且強烈地感受到自己想做的事還有很多，才會提高患者復原的機率。

藉由製作遺願清單，挑選出三個跟自己從事的工作有關連的事之後，只要在這裡訂定短期、中期、長期計劃，它就會成為你的目標以及實現你夢想的一條路。

藉由教練媽媽引導，替孩子開啟無限可能

比爾蓋茲聽到「你最怕誰？」這個問題時，他回答說：「現在這一刻仍舊擁有著夢想的人。」意謂著有夢想的人具有無限可能與力量。

媽媽們利用引導技巧，讓孩子能夠制定目標、培育夢想，並且自主地成長的話，我認為這是難能可貴且具有價值的事，沒有夢想的人生即是「封閉的人生」、「靜止的人生」，就算稱作為「跟死沒兩樣的人生」也不為過。

夢想為我們的人生賦予生命力，所以要是想過著踏實真切的人生，就必須擁有夢想，編織夢想且培育它，這樣的話我們的人生就會更有意義，我們也會逐漸成長。要是孩子尚未擁有夢想，媽媽就必須協助他，栽種夢想的種子。

利用聆聽、共鳴與激勵安撫孩子，就能提升他們的自信，當孩子在家裡受到尊重與激勵時，他就會成長為穩重又健康的成人。與其命令他回答，倒不如耐心等待他說出答案，透過詢問方式讓孩子自行思考，媽媽們用心培育孩子擁

有自己的想法，才能讓他變成有創意能力的大人。

我知道有很多跟我一樣，在育兒路上苦惱的媽媽，我想跟她們分享教練媽媽的引導方式，並且從旁協助她們，這是我寫這本書的動機。讀完這本書的讀者，我希望能有效幫助你們讓孩子更主動思考、協助孩子找到自己的夢想，這樣就是我最大的心願。

我期盼包括我在內，所有媽媽們都能成為有智慧的媽媽，除了協助孩子之外，媽媽們也千萬不要忘記自己的夢想以及人生有多麼重要，沒有夢想就這樣過活下去並不是好事。希望不管是我們的孩子、還是媽媽本身，在我們要離開這個世界的時候，回顧自己的人生都能夠說出「我好幸福」這句話。

我感謝讓我依賴又可靠的兒子，他能自己走在該走的路上，以及我的老公，他永遠是我的精神伴侶、老師以及朋友，我想告訴他我真心地感謝他。至於這本書的順利出版，我想把榮光與感謝交還給指引我所有道路的神。

二〇一六年二月　鄭銀慶

Orange Baby 10

別用情緒勒索教養你的孩子

——激發孩子思考力的引導式教養法

作者：鄭銀慶

出版發行

橙實文化有限公司 CHENG SHIH Publishing Co., Ltd
粉絲團 https://www.facebook.com/OrangeStylish/
MAIL: orangestylish@gmail.com

作　　者　鄭銀慶
譯　　者　魏汝安
總 編 輯　于筱芬 CAROL YU, Editor-in-Chief
業務經理　謝穎昇 EASON HSIEH, Business Manager
行銷主任　陳佳惠 IRIS CHEN, Marketing Manager

美術設計　亞樂設計
製版／印刷／裝訂　皇甫彩藝印刷股份有限公司

編輯中心

ADD／桃園市大園區領航北路四段382-5號2樓
2F., No.382-5, Sec. 4, Linghang N. Rd., Dayuan Dist., Taoyuan City 337, Taiwan (R.O.C.)
TEL／（886）3-381-1618　FAX／（886）3-381-1620
MAIL: orangestylish@gmail.com
粉絲團https://www.facebook.com/OrangeStylish/

經銷商

聯合發行股份有限公司
ADD／新北市新店區寶橋路235巷弄6弄6號2樓
TEL／（886）2-2917-8022　FAX／（886）2-2915-8614
初版日期 2019年5月